Saxon
Phonics 1
An Incremental Development

Student Workbook (Part Two)

Lorna Simmons

with

Linda Calvert

Saxon Publishers, Inc.

Phonics 1: An Incremental Development

Student Workbook

Copyright © 1996 by Saxon Publishers, Inc. and Lorna Simmons

All rights reserved.
No part of this publication may be reproduced,
stored in a retrieval system, or transmitted in any
form or by any means, electronic, mechanical,
photocopying, recording, or otherwise, without the
prior written permission of the publisher.

Printed in the United States of America

ISBN: 0-939798-72-7

Editor: Deborah Williams
Production Supervisor: David Pond
Graphic Artists: Robert Jackson, Angela Johnson, Emerson Mounger,
 Johnna Pulis, David Starchman, Michael Starchman,
 Lj Stephens
Illustrators: T.J. Brannon, Dan Lawler, Sean Pruitt

Fourth printing: July 2001

Reaching us via the Internet
WWW: www.saxonpub.com
E-mail: info@saxonpub.com

Saxon Publishers, Inc.
2450 John Saxon Blvd.
Norman, OK 73071

Name _____

Spelling Sound Sheet 52
(for use with Lesson 71)
Phonics 1

1. _____
2. _____
3. _____
4. _____
5. _____
6. _____
7. _____
8. _____
9. _____
10. _____
11. _____
12. _____
13. _____

14. _____
15. _____
16. _____
17. _____
18. _____
19. _____
20. _____
21. _____
22. _____
23. _____
24. _____
25. _____
26. _____

27. _____
28. _____
29. _____
30. _____
31. _____
32. _____
33. _____
34. _____
35. _____
36. _____
37. _____
38. _____

Name _____

Teacher's Initials _____

Worksheet 71
(for use with Lesson 71)
Phonics 1

1. _____
2. _____
3. _____
4. _____
5. _____

6. card
7. darkroom
8. kicking
9. home
10. tweet

Kim sells greeting cards. The cards tell people to have a happy day. She sells her cards to stores who sell them to the public.

11. What does Kim sell? _____

12. Who sells cards to the public? _____

P1-WS-071a   Copyright by Saxon Publishers, Inc. and Lorna Simmons. Reproduction prohibited.

Parent's Initials _____

Homework 71
(for use with Lesson 71)
Phonics 1

1. mark
2. parking
3. creed
4. farmyard
5. buzzing
6. carp
7. yardstick
8. meek
9. roommate
10. grub

Mark parks cars. People drive up and he takes their cars and parks them. People tip him after he brings their cars back.

11. What does Mark do? _____

12. What does Mark get? _____

Parents: Your child has been taught **combination ar** (as in *arm*).

Name _____

Spelling List 12
(for use on or after Lesson 71)
Phonics 1

Spelling Words

1. table
2. sniffle
3. apple
4. candle
5. little
6. jiggle
7. puzzle
8. title
9. fluff
10. class
11. friend*
12. one*

1. _ _ _ _ _
2. _ _ _ _ _ _ _
3. _ _ _ _ _
4. _ _ _ _ _ _
5. _ _ _ _ _ _
6. _ _ _ _ _ _
7. _ _ _ _ _ _
8. _ _ _ _ _
9. _ _ _ _ _
10. _ _ _ _ _
11. _ _ _ _ _ _
12. _ _ _

Note: The words followed by an asterisk are sight words and need to be memorized.

Name _____

Teacher's Initials _____

Worksheet 72
(for use with Lesson 72)
Phonics 1

ch
---

1. _____
2. _____
3. _____
4. _____
5. _____

6. chain
7. charming
8. perch
9. chose
10. pinched

11. artist
12. chick
13. barn
14. highchair

Parent's Initials _____

Homework 72
(for use with Lesson 72)
Phonics 1

ch

1. bunch
2. start
3. choke
4. slanted
5. punching
6. charting
7. champ
8. lifting
9. marched
10. brunch

11. car 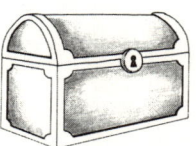 13. harp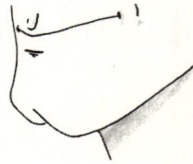

12. chest  14. chin

Parents: Your child has been taught **digraph ch** (as in *cheese*).

Name _____

Activity Sheet 2
(for use with Lesson 73)
Phonics 1

_____ far

_____ bark

_____ car

_____ harp

1 2 3 4

Name _____

Spelling Sound Sheet 54
(for use with Lesson 73)
Phonics 1

ar	ness	ff	ai
ch	ll	ẏ	ke
k	ee	c	ly
ay	igh	less	er

Name _____

Teacher's Initials _____

Worksheet 73
(for use with Lesson 73)
Phonics 1

1. _____
2. _____
3. _____
4. _____
5. _____

6. horse
7. thorn
8. scorch
9. airport
10. sparked

Jim plays a horn in a band. His band will play on Main Street in March. If the people like them, the band will play again in May.

11. What does Jim play? _____

12. Where will the band play? _____

P1-WS-073a   Copyright by Saxon Publishers, Inc. and Lorna Simmons. Reproduction prohibited.

Parent's Initials _____

Homework 73
(for use with Lesson 73)
Phonics 1

1. storm
2. for
3. starch
4. fork
5. north
6. popcorn
7. junkyard
8. dustpan
9. nailed
10. windstorm

Jim's band got to play in May. After the band played, the people clapped and cheered. Jim hopes his band will be asked to play in the next contest. The contest pays big bucks to the winner.

11. What did the people do after Jim played?
_____

12. What does Jim hope? _____
_____

Parents: Your child has been taught **combination or** (as in *fork*).

P1-WS-073b   Copyright by Saxon Publishers, Inc. and Lorna Simmons. Reproduction prohibited.

Name _____

Spelling Sound Sheet 53
(for use with Lesson 72)
Phonics 1

1. _____
2. _____
3. _____
4. _____
5. _____
6. _____
7. _____
8. _____
9. _____
10. _____
11. _____
12. _____
13. _____

14. _____
15. _____
16. _____
17. _____
18. _____
19. _____
20. _____
21. _____
22. _____
23. _____
24. _____
25. _____
26. _____

27. _____
28. _____
29. _____
30. _____
31. _____
32. _____
33. _____
34. _____
35. _____
36. _____
37. _____
38. _____
39. _____

Copyright by Saxon Publishers, Inc. and Lorna Simmons. Reproduction prohibited.

Name _____

Spelling Sound Sheet 55
(for use with Lesson 74)
Phonics 1

1. _____   11. _____   21. _____

2. _____   12. _____   22. _____

3. _____   13. _____   23. _____

4. _____   14. _____   24. _____

5. _____   15. _____   25. _____

6. _____   16. _____   26. _____

7. _____   17. _____   27. _____

8. _____   18. _____   28. _____

9. _____   19. _____   29. _____

10. _____ 20. _____   30. _____

P1-SSS-055a

Copyright by Saxon Publishers, Inc. and Lorna Simmons. Reproduction prohibited.

Name _____

Spelling Sound Sheet 55
(for use with Lesson 74)
Phonics 1

31. _____

32. _____

33. _____

34. _____

35. _____

36. _____

37. _____

38. _____

39. _____

40. _____

41. _____

Name _____   Worksheet 74
Teacher's Initials _____   (for use with Lesson 74)
                                                         Phonics 1

1. _____   6. quite
2. _____   7. quack
3. _____   8. scorn
4. _____   9. shortstop
5. _____   10. hornet

11. queen

12. fork

13. check

14. horn

P1-WS-074a   Copyright by Saxon Publishers, Inc. and Lorna Simmons. Reproduction prohibited.

Parent's Initials _____

Homework 74
(for use with Lesson 74)
Phonics 1

qu

1. quake
2. quick
3. kick
4. quest
5. slate

6. corner
7. wade
8. shortcake
9. orbit
10. absorb

11. quilt  13. torch

12. horse  14. stork

Parents: Your child has been taught **combination qu;** and that *q* is almost always part of combination *qu* (but occasionally seen alone in "invented" words or brand names).

Name _____   **Assessment 14**
(for use with Lesson 75)
Phonics 1

Section I

Section IV

1. __ __ __ __ __

2. __ __ __ __ __ __ __

3. __ __ __ __ __ __ __

4. __ __ __ __ __

5. __ __ __ __ __ __ __

Section II

6. ā̸y̸

7. āi̸

Section III

8. spray

9. snail

10. windmill

11. flashlight

12. footprint

The night was cool and Jake and Dad went on a bike ride. Jake was happy that Dad trusted him to ride at night with him. Jake and Dad rode to the lake and sat by the dock. The fish jumped and Jake and Dad tossed pebbles. Soon it was time to go back. It was a fun night with Dad.

13. What was the night like?

_____

14. What did Dad trust Jake to do?

_____

_____

15. Where did Jake and Dad go?

_____

16. What did Jake and Dad do at the lake?

_____

_____

Copyright by Saxon Publishers, Inc. and Lorna Simmons. Reproduction prohibited.

Assessment 14
(for use with Lesson 75)
Phonics 1

17. What jumped?

_____

18. What did Jake and Dad toss?

_____

19. Did Jake like to ride with Dad?

_____

Section V

20. **they** _____

21. **build** _____

22. **built** _____

23. **people** _____

Section VI

24. **ay** _____

25. **ai** _____

Name _____

Spelling Test 12
(for use on or after Lesson 75)
Phonics 1

Spelling Test

1. __ __ __ __

2. __ __ __ __ __ __

3. __ __ __ __

4. __ __ __ __ __

5. __ __ __ __ __

6. __ __ __ __ __

7. __ __ __ __ __ __

8. __ __ __ __

9. __ __ __ __

10. __ __ __ __

*11. __ __ __ __ __

*12. __ __ __

Copyright by Saxon Publishers, Inc. and Lorna Simmons. Reproduction prohibited.

Name _____

Spelling Sound Sheet 56
(for use with Lesson 76)
Phonics 1

1. _____
2. _____
3. _____
4. _____
5. _____
6. _____
7. _____
8. _____
9. _____
10. _____
11. _____
12. _____
13. _____
14. _____

15. _____
16. _____
17. _____
18. _____
19. _____
20. _____
21. _____
22. _____
23. _____
24. _____
25. _____
26. _____
27. _____
28. _____

29. _____
30. _____
31. _____
32. _____
33. _____
34. _____
35. _____
36. _____
37. _____
38. _____
39. _____
40. _____
41. _____

Name _____

Teacher's Initials _____

Worksheet 76
(for use with Lesson 76)
Phonics 1

1. _____
2. _____
3. _____
4. _____
5. _____

6. thirsty
7. squirm
8. chirping
9. corked
10. plain

A blackbird is sitting in my elm tree. He is singing songs and chattering to the red bird in the birch tree. At first he sang by himself but then the red bird sang with him.

11. Where is the red bird? _____

12. What is the blackbird doing? _____
_____

Parent's Initials _____

Homework 76
(for use with Lesson 76)
Phonics 1

1. swirl
2. squirt
3. munching
4. flirting
5. rainy
6. quacking
7. form
8. squint
9. braided
10. rail

My first class has a girl with a long braid. Her braid is so long she can sit on it. Her hair is black. We flirt with her by pulling her braid.

11. The girl with the long braid is in what class?
    _____

12. What can she do with her braid? _____

Parents: Your child has been taught **combination ir.**

Name _____

Spelling List 13
(for use on or after Lesson 76)
Phonics 1

Spelling Words

1. sky
2. try
3. puppy
4. thirty
5. lucky
6. after
7. sister
8. shelter
9. flying
10. sticky
11. you*
12. their*

1. ___ ___ ___
2. ___ ___ ___
3. ___ ___ ___ ___ ___
4. ___ ___ ___ ___ ___ ___
5. ___ ___ ___ ___ ___
6. ___ ___ ___ ___ ___
7. ___ ___ ___ ___ ___ ___
8. ___ ___ ___ ___ ___ ___ ___
9. ___ ___ ___ ___ ___ ___
10. ___ ___ ___ ___ ___ ___
11. ___ ___ ___
12. ___ ___ ___ ___ ___

Note: The words followed by an asterisk are sight words and need to be memorized.

Name _____ **Spelling Sound Sheet 57**
(for use with Lesson 77)
Phonics 1

1. _____
2. _____
3. _____
4. _____
5. _____
6. _____
7. _____
8. _____
9. _____
10. _____
11. _____
12. _____
13. _____
14. _____

15. _____
16. _____
17. _____
18. _____
19. _____
20. _____
21. _____
22. _____
23. _____
24. _____
25. _____
26. _____
27. _____
28. _____

29. _____
30. _____
31. _____
32. _____
33. _____
34. _____
35. _____
36. _____
37. _____
38. _____
39. _____
40. _____
41. _____

Copyright by Saxon Publishers, Inc. and Lorna Simmons. Reproduction prohibited.

Name _____

Teacher's Initials _____

Worksheet 77
(for use with Lesson 77)
Phonics 1

1. _____
2. _____
3. _____
4. _____
5. _____

6. lurked
7. squirming
8. order
9. branch
10. sparkle

11. bird

12. skirt

13. burn

14. turnip

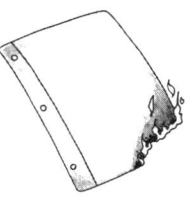

Homework 77
(for use with Lesson 77)
Phonics 1

Parent's Initials _____

1. turned
2. turf
3. thirteen
4. inform
5. harming
6. starting
7. squirted
8. market
9. topple
10. scramble

11. girl
12. shirt
13. church
14. first

Parents: Your child has been taught **combination ur.**

Name _____

Activity Sheet 3
(for use with Lesson 78)
Phonics 1

_____ click

_____ dance

_____ boot

_____ flip

_____ act

_____ enter

1 2 3 4 5 6

Name _____

Teacher's Initials _____

Worksheet 78
(for use with Lesson 78)
Phonics 1

ç

1. _____   6. mice

2. _____   7. circus

3. _____   8. burst

4. _____   9. squint

5. _____   10. graying

Shay's dad has a shed. His shed has grain in it for his horse. Mice like the grain too. They get in the shed and munch on the grain on the floor.

11. Where does Shay's dad keep his grain? _____

12. What gets in the grain? _____

Parent's Initials _____

Homework 78
(for use with Lesson 78)
Phonics 1

ç

1. place
2. price
3. success
4. curl
5. quill

6. saying
7. quilting
8. space
9. cell
10. cent

Rattlesnakes like mice. If grain spills on the floor in Dad's shed, the shed gets lots of mice in it. If Dad forgets to pick the grain up, his shed soon has rattlesnakes too.

11. What do rattlesnakes like? _____

12. Why does Dad keep the grain off the floor?
_____

Parents: Your child has been taught the **soft c** (s); that this sound is also called **cedilla c**; and the **final s rules** (after a short vowel, use **ss**; after a long vowel, use **ce**; after a consonant or two vowels, use **se**).

Name _____   **Spelling Sound Sheet 58**
(for use with Lesson 79)
Phonics 1

1. _____   15. _____   29. _____

2. _____   16. _____   30. _____

3. _____   17. _____   31. _____

4. _____   18. _____   32. _____

5. _____   19. _____   33. _____

6. _____   20. _____   34. _____

7. _____   21. _____   35. _____

8. _____   22. _____   36. _____

9. _____   23. _____   37. _____

10. _____   24. _____   38. _____

11. _____   25. _____   39. _____

12. _____   26. _____   40. _____

13. _____   27. _____   41. _____

14. _____   28. _____   42. _____

Copyright by Saxon Publishers, Inc. and Lorna Simmons. Reproduction prohibited.

Name _____

Teacher's Initials _____

Worksheet 79
(for use with Lesson 79)
Phonics 1

1. _____
2. _____
3. _____
4. _____
5. _____

6. snowing
7. yellow
8. lace
9. scar
10. saying

11. fireplace

12. circle

13. snowflake

14. scarecrow

Parent's Initials _____

Homework 79
(for use with Lesson 79)
Phonics 1

ōw̸

1. bow
2. elbow
3. lice
4. minnow
5. smart

6. burrow
7. scarf
8. raining
9. fellow
10. braiding

11. spaceship
12. crow

13. pillow
14. window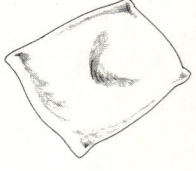

Parents: Your child has been taught **digraph ow** (as in *bow*).

Name _____

Assessment 15
(for use with Lesson 80)
Phonics 1

● **Section I**

1. __ __ __ __ __
2. __ __ __ __ __ __
3. __ __ __ __
4. __ __ __ __ __
5. __ __ __ __ __ __ __ __

● **Section II**

6. <u>qu</u>

7. <u>or</u>

8. <u>ch</u>

9. <u>ar</u>

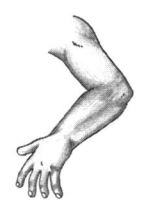

Section III

10. quilt
11. popcorn
12. inch
13. starfish
14. lampshade
15. carpet

Section IV

Jay took a trip on a train. He went to see his friend Jerry. Jerry trains dogs. He tells them to lay and the dogs lay and they seem lifeless. He tells them to sit and they sit as still as a rock. He tells them to stay and they do! It is a fun trip to see Jerry and his dogs.

16. What did Jay take to get to his friend's home? _____

Assessment 15
(for use with Lesson 80)
Phonics 1

17. Who is Jay's friend?
    _____

18. What does Jerry train?
    _____

19. What can the dogs do?
    _____ _____ _____

Section V

20. there _____

21. love _____

Section VI

22. qu _____

23. or _____

24. ch _____

25. ar _____

Name _____

Spelling Test 13
(for use on or after Lesson 80)
Phonics 1

Spelling Test

1. __ __ __

2. __ __ __

3. __ __ __ __

4. __ __ __ __ __

5. __ __ __ __

6. __ __ __ __

7. __ __ __ __ __

8. __ __ __ __ __ __

9. __ __ __ __ __

10. __ __ __ __ __

*11. __ __ __

*12. __ __ __ __

P1-ST-013   Copyright by Saxon Publishers, Inc. and Lorna Simmons. Reproduction prohibited.

Name _____

Spelling Sound Sheet 59
(for use with Lesson 81)
Phonics 1

●

1. _____
2. _____
3. _____
4. _____
5. _____
6. _____
● 7. _____
8. _____
9. _____
10. _____
11. _____
12. _____
13. _____
● 14. _____

15. _____
16. _____
17. _____
18. _____
19. _____
20. _____
21. _____
22. _____
23. _____
24. _____
25. _____
26. _____
27. _____
28. _____

29. _____
30. _____
31. _____
32. _____
33. _____
34. _____
35. _____
36. _____
37. _____
38. _____
39. _____
40. _____
41. _____

Name _____

Teacher's Initials _____

Worksheet 81
(for use with Lesson 81)
Phonics 1

1. _____

2. _____

3. _____

4. _____

5. _____

6. crazy

7. showing

8. twice

9. churn

10. started

Jill likes muffins with eggs and bacon. Kerry makes cherry muffins since Jill likes those best. The coffee has to perk and the cups need to be filled with milk. Then Kerry gets her mom.

11. Who likes cherry muffins? _____

12. What does the coffee need to do? _____

P1-WS-081a
Copyright by Saxon Publishers, Inc. and Lorna Simmons. Reproduction prohibited.

Parent's Initials _____

Homework 81
(for use with Lesson 81)
Phonics 1

á|cv

1. navy
2. bacon
3. price
4. fancy
5. acorn

6. darted
7. mowing
8. march
9. lady
10. blurt

Kerry likes to cook for her mom, Jill. Kerry gets up early and starts the bacon. After the bacon cooks, Kerry starts cooking eggs.

11. Who is Kerry's mom? _____

12. What does Kerry start first? _____

Parents: Your child has been taught the syllable division rule v́|cv with **a**.

Name _____

Spelling List 14
(for use on or after Lesson 81)
Phonics 1

Spelling Words

1. day
2. stay
3. blister
4. winter
5. bathtub
6. gumdrop
7. softness
8. helpless
9. saying
10. driveway
11. does*
12. from*

1. _____
2. _____
3. _____
4. _____
5. _____
6. _____
7. _____
8. _____
9. _____
10. _____
11. _____
12. _____

Note: The words followed by an asterisk are sight words and need to be memorized.

Name _____

Spelling Sound Sheet 60
(for use with Lesson 82)
Phonics 1

1. _____
2. _____
3. _____
4. _____
5. _____
6. _____
7. _____
8. _____
9. _____
10. _____
11. _____
12. _____
13. _____
14. _____

15. _____
16. _____
17. _____
18. _____
19. _____
20. _____
21. _____
22. _____
23. _____
24. _____
25. _____
26. _____
27. _____
28. _____

29. _____
30. _____
31. _____
32. _____
33. _____
34. _____
35. _____
36. _____
37. _____
38. _____
39. _____
40. _____
41. _____

Copyright by Saxon Publishers, Inc. and Lorna Simmons. Reproduction prohibited.

Name _____

Teacher's Initials _____

Worksheet 82
(for use with Lesson 82)
Phonics 1

í|cv, é|cv

1. _____
2. _____
3. _____
4. _____
5. _____

6. silver
7. female
8. pilot
9. even
10. window

11. baby

12. circle

13. bacon

14. turnip

Parent's Initials _____

Homework 82
(for use with Lesson 82)
Phonics 1

í|cv, é|cv

1. final
2. butter
3. item
4. willow
5. slender
6. minnow
7. glitter
8. evil
9. master
10. Venus

11. ladybug
12. spider
13. rainbow
14. zero

Parents: Your child has been taught the syllable division rule v´|cv with **i** and **e**.

Name _____

Spelling Sound Sheet 61
(for use with Lesson 83)
Phonics 1

ow	ff	qu	ai
ck	A	ing	ch
er	ve	ay	ble
or	y	ir	c

Name _____

Teacher's Initials _____

Worksheet 83
(for use with Lesson 83)
Phonics 1

ó|cv, ú|cv

1. _____
2. _____
3. _____
4. _____
5. _____

6. open
7. duty
8. curb
9. forget
10. varnish

Mr. Smith has a pupil, Jeff, who makes robots. His robots can pick up trash. Jeff donates his robots to pick up trash at the zoo.

11. Who is Mr. Smith's pupil? _____

12. What can Jeff's robot do? _____

Parent's Initials _____

Homework 83
(for use with Lesson 83)
Phonics 1

ó|cv, ú|cv

1. robot
2. tulips
3. hornet
4. starch
5. former

6. border
7. total
8. sharp
9. spurt
10. artist

Jeff has a robot that picks up trash at the zoo. It picks up cups, bowls, napkins, forks, spoons, and even hotdogs! Jeff's robot is a big help.

11. Where does Jeff's robot pick up trash?

   _____

12. Name two things the robot can pick up.

   _____   _____

Parents: Your child has been taught the syllable division rule v́|cv with **o** and **u**.

Name _____   **Spelling Sound Sheet 62**
(for use with Lesson 84)
Phonics 1

1. _____   15. _____   29. _____

2. _____   16. _____   30. _____

3. _____   17. _____   31. _____

4. _____   18. _____   32. _____

5. _____   19. _____   33. _____

6. _____   20. _____   34. _____

7. _____   21. _____   35. _____

8. _____   22. _____   36. _____

9. _____   23. _____   37. _____

10. _____   24. _____   38. _____

11. _____   25. _____   39. _____

12. _____   26. _____   40. _____

13. _____   27. _____   41. _____

14. _____   28. _____   42. _____

Copyright by Saxon Publishers, Inc. and Lorna Simmons. Reproduction prohibited.

Name _____

Teacher's Initials _____

Worksheet 84
(for use with Lesson 84)
Phonics 1

1. _____
2. _____
3. _____
4. _____
5. _____

6. alarm
7. abide
8. alert
9. along
10. splinter

Homework 84
(for use with Lesson 84)
Phonics 1

Parent's Initials _____

1. awake
2. alike
3. alone
4. atop
5. varmint

6. tender
7. bitter
8. chime
9. herd
10. farm

Parents: Your child has been taught the syllable division rule **v | cv´** with **a** (the *a* becomes schwa).

Name _____

Assessment 16
(for use with Lesson 85)
Phonics 1

Section I

1. __ __ __ __ __ __
2. __ __ __ __ __
3. __ __ __ __ __ __
4. __ __ __ __ __ __ __
5. __ __ __ __ __ __ __

Section II

6. o̅w̸

7. ç

8. u͜r

9. i͜r

Section III

10. mowing
11. ice
12. fireplace
13. skirt
14. turnip
15. racehorse

Section IV

Cassy has a pet snake. Her snake is a garden snake. She keeps it in a box in her bedroom. Her friend Liz does not like her snake. She stepped on a rattlesnake last summer and it was quite a scare! The rattlesnake did not strike at her. She was lucky. Cassy wants her friend and her snake to be happy so she lets the snake go.

16. Who has a pet snake?

_____

Assessment 16
(for use with Lesson 85)
Phonics 1

17. Where does she keep it?
    _____

18. What did Liz step on?
    _____

Section V

19. **full** _____

20. **shoe** _____

21. **goes** _____

Section VI

22. **ow** _____

23. **ç** _____

24. **ur** _____

25. **ir** _____

Name _____

Spelling Test 14
(for use on or after Lesson 85)
Phonics 1

Spelling Test

1. ___ ___ ___

2. ___ ___ ___ ___

3. ___ ___ ___ ___ ___ ___

4. ___ ___ ___ ___

5. ___ ___ ___ ___ ___

6. ___ ___ ___ ___ ___

7. ___ ___ ___ ___ ___ ___

8. ___ ___ ___ ___ ___ ___ ___

9. ___ ___ ___ ___

10. ___ ___ ___ ___ ___ ___ ___

*11. ___ ___ ___

*12. ___ ___ ___

Name _____   **Spelling Sound Sheet 63**
(for use with Lesson 86)
Phonics 1

1. _____   15. _____   29. _____

2. _____   16. _____   30. _____

3. _____   17. _____   31. _____

4. _____   18. _____   32. _____

5. _____   19. _____   33. _____

6. _____   20. _____   34. _____

7. _____   21. _____   35. _____

8. _____   22. _____   36. _____

9. _____   23. _____   37. _____

10. _____   24. _____   38. _____

11. _____   25. _____   39. _____

12. _____   26. _____   40. _____

13. _____   27. _____   41. _____

14. _____   28. _____

Name _____

Teacher's Initials _____

Worksheet 86
(for use with Lesson 86)
Phonics 1

1. _____

2. _____

3. _____

4. _____

5. _____

6. east

7. reaching

8. treated

9. squeal

10. eardrum

My grandmom cleans for a dentist. She sweeps the carpets and dusts the chairs. One time, she stepped on a tooth that fell on the floor.

11. Where does grandmom clean?

_____

12. What did she step on? _____

Parent's Initials _____

Homework 86
(for use with Lesson 86)
Phonics 1

1. cheap
2. teaching
3. quit
4. nearing
5. year

6. weave
7. tea
8. speaking
9. beaded
10. seaport

My grandmom stepped on a tooth and she slipped and fell. When she fell, she hit her arm. She grabbed for the table and spilled the bleach. Her arm healed quickly, but the carpet is no longer green.

11. What did she hit? _____

12. What spilled? _____

Parents: Your child has been taught one sound of **digraph ea** (as in *leaf*).

Name _____

Spelling List 15
(for use on or after Lesson 86)
Phonics 1

Spelling Words

1. arm
2. sharp
3. bunch
4. chin
5. corn
6. forget
7. quack
8. quicksand
9. smart
10. squint
11. were*
12. brought*

1. ___ ___ ___
2. ___ ___ ___ ___ ___
3. ___ ___ ___ ___ ___
4. ___ ___ ___ ___
5. ___ ___ ___ ___
6. ___ ___ ___ ___ ___ ___
7. ___ ___ ___ ___ ___
8. ___ ___ ___ ___ ___ ___ ___ ___ ___
9. ___ ___ ___ ___ ___
10. ___ ___ ___ ___ ___ ___
11. ___ ___ ___ ___
12. ___ ___ ___ ___ ___ ___ ___

Note: The words followed by an asterisk are sight words and need to be memorized.

Name _____   **Spelling Sound Sheet 64**
(for use with Lesson 87)
Phonics 1

1. _____   15. _____   29. _____
2. _____   16. _____   30. _____
3. _____   17. _____   31. _____
4. _____   18. _____   32. _____
5. _____   19. _____   33. _____
6. _____   20. _____   34. _____
7. _____   21. _____   35. _____
8. _____   22. _____   36. _____
9. _____   23. _____   37. _____
10. _____   24. _____   38. _____
11. _____   25. _____   39. _____
12. _____   26. _____   40. _____
13. _____   27. _____   41. _____
14. _____   28. _____

P1-SSS-064a   Copyright by Saxon Publishers, Inc. and Lorna Simmons. Reproduction prohibited.

Name _____

Teacher's Initials _____

Worksheet 87
(for use with Lesson 87)
Phonics 1

ĕa, ea͞

1. _____
2. _____
3. _____
4. _____
5. _____

6. deaf
7. yea
8. show
9. headlight
10. weathervane

11. thread

12. pea

13. sweater

14. tear

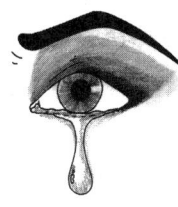

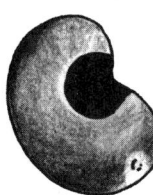

Parent's Initials _____

Homework 87
(for use with Lesson 87)
Phonics 1

ĕa͜, ēa͜

1. thread
2. steak
3. break
4. sweat
5. headrest

6. sneak
7. flown
8. thigh
9. sale
10. spread

11. bread
12. leaf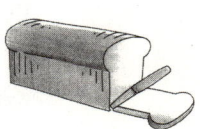

13. beads
14. leak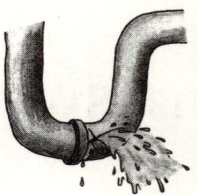

Parents: Your child has been taught the two additional sounds of **digraph ea** (as in *thread* and *break*).

Name _____

Teacher's Initials _____

Worksheet 88
(for use with Lesson 88)
Phonics 1

Dropping Rule

☐ ☐
1. smile + ed = _____
☐ ☐
2. play + ed = _____
☐ ☐
3. wade + ing = _____
☐ ☐
4. cane + less = _____
☐ ☐
5. bone + y = _____
☐ ☐
6. sad + ly = _____
☐ ☐
7. hike + ing = _____

8. rising   11. serving

9. drained   12. softness

10. shiny

Parent's Initials _____

Homework 88
(for use with Lesson 88)
Phonics 1

Dropping Rule

☐ ☐
1. tape + ing = _____
☐ ☐
2. care + less = _____
☐ ☐
3. rain + y = _____
☐ ☐
4. use + ed = _____
☐ ☐
5. bake + ing = _____
☐ ☐
6. safe + ly = _____
☐ ☐
7. nose + y = _____

8. smoking
9. taped
10. shady

11. joked
12. firing

Parents: Your child has been taught the **dropping rule;** when a word ends with a silent *e*, drop the *e* before adding a vowel suffix (vowel suffixes begin with vowels, e.g., *-ed*, *-ing*).

Name _____

Spelling Sound Sheet 65
(for use with Lesson 89)
Phonics 1

●

1. _____
2. _____
3. _____
4. _____
5. _____
6. _____
● 7. _____
8. _____
9. _____
10. _____
11. _____
12. _____
13. _____
● 14. _____

15. _____
16. _____
17. _____
18. _____
19. _____
20. _____
21. _____
22. _____
23. _____
24. _____
25. _____
26. _____
27. _____
28. _____

29. _____
30. _____
31. _____
32. _____
33. _____
34. _____
35. _____
36. _____
37. _____
38. _____
39. _____
40. _____
41. _____
42. _____

Name _____

Teacher's Initials _____

Worksheet 89
(for use with Lesson 89)
Phonics 1

Oi and Oy

1. _____
2. _____
3. _____
4. _____
5. _____

6. coin
7. poisoned
8. avoiding
9. bread
10. baking

Jimmy wants a pet. He wants a puppy or a kitten. He asks Dad if he can get a pet, but Dad says pets are too much work. This makes Jimmy sad. But Dad sees that Jimmy is sad, and plans a party. Dad brings Jimmy a toy dog. Jimmy wanted a real pet, but this one is just as good. Jimmy named his dog Roy. Jimmy enjoys having Roy, and he's not sad anymore.

11. Why does Jimmy's dad say Jimmy can't have a pet?
    _____

12. Is Jimmy still sad? _____

Parent's Initials _____

Homework 89
(for use with Lesson 89)
Phonics 1

oi and oy

1. coil
2. moist
3. pointed
4. soiled
5. mining

6. joyless
7. saving
8. trading
9. jointed
10. bellboy

A girl lives next door. Her name is Joy. She has long red hair. She got a new (no͞o) green bike Sunday. This bike is faster than her purple one was. She doesn't show off her bike. Her mom says it is not nice. Joy is a good friend!

11. When did Joy get the green bike? _____

12. Is the purple bike or the green bike faster?
_____

Parents: Your child has been taught **diphthongs oi** and **oy**; that a diphthong is two vowel sounds that come together so quickly that they are considered to be only one syllable; and that a diphthong is coded with an arc beneath it.

Name _____   Assessment 17
(for use with Lesson 90)
Phonics 1

Section I

1. ___ ___ ___ ___
2. ___ ___ ___ ___
3. ___ ___ ___ ___
4. ___ ___ ___ ___
5. ___ ___ ___ ___

Section II

6. ā

7. ē

8. ī

9. ō

10. ū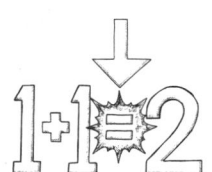

Section III

11. baby
12. spider
13. Venus
14. robot
15. tulip

Section IV

Jake has a horse for a pet. His horse likes to chomp on grass, hay, and sweet grains. Jake will brush him when he wants to ride. He puts a western saddle on him and takes him for a ride in the woods. When he gets back he will brush him again and let his horse cool off. He offers him a drink and rubs his belly. This is Jake's way of thanking him for a nice ride.

16. What does Jake's horse eat? _____,

_____,

_____

Assessment 17
(for use with Lesson 90)
Phonics 1

17. What does Jake put on his horse?
    _____

18. What does Jake rub?
    _____

Section V

19. pull _____

20. want _____

Section VI

21. a _____

22. e _____

23. i _____

24. o _____

25. u _____

Name _____

Spelling Test 15
(for use on or after Lesson 90)
Phonics 1

Spelling Test

1. ___ ___ ___

2. ___ ___ ___ ___

3. ___ ___ ___ ___

4. ___ ___ ___

5. ___ ___ ___

6. ___ ___ ___ ___ ___

7. ___ ___ ___ ___

8. ___ ___ ___ ___ ___ ___ ___

9. ___ ___ ___ ___

10. ___ ___ ___ ___ ___

*11. ___ ___ ___

*12. ___ ___ ___ ___ ___

Name _____

Spelling Sound Sheet 66
(for use with Lesson 91)
Phonics 1

1. _____
2. _____
3. _____
4. _____
5. _____
6. _____
7. _____
8. _____
9. _____
10. _____
11. _____
12. _____
13. _____
14. _____

15. _____
16. _____
17. _____
18. _____
19. _____
20. _____
21. _____
22. _____
23. _____
24. _____
25. _____
26. _____
27. _____
28. _____

29. _____
30. _____
31. _____
32. _____
33. _____
34. _____
35. _____
36. _____
37. _____
38. _____
39. _____
40. _____
41. _____
42. _____

Name _____

Teacher's Initials _____

Worksheet 91
(for use with Lesson 91)
Phonics 1

Spelling with oi and oy

1. _____

2. _____

3. _____

4. _____

5. _____

6. oilcan

7. soiled

8. sweat

9. enjoying

10. bath

Ways to cook chicken:
1. Start with clean hands.
2. Take the paper off the chicken.
3. Rinse the chicken.

For boiled chicken: Place the chicken in a pot of boiling water. The hot water will cook the chicken.

For broiled chicken: Rub the chicken with butter. Place it on a pan under the broiler until it is cooked.

11. What do you take off the chicken? _____

12. What cooks the boiled chicken? _____

Parent's Initials _____

Homework 91
(for use with Lesson 91)
Phonics 1

Spelling with oi and oy

1. meant
2. tail
3. enjoy
4. health
5. smoothing

6. prize
7. cure
8. breath
9. lame
10. mile

"We can join the yearbook club," said Roy. "What fun! You can do a story and I will do the art," said Jan. Roy smiled. "Good. I'm glad you want to do that! We can see Mr. Denver on Friday."

11. Who wants to do the art for the yearbook?
    _____

12. When will Jan and Roy see Mr. Denver?
    _____

Parents: Your child has been taught that **diphthong oi** is usually found in the initial or medial position; and that **diphthong oy** is found in the final position.

Name _____

Spelling List 16
(for use on or after Lesson 91)
Phonics 1

Spelling Words

1. face
2. ice
3. cent
4. crow
5. elbow
6. corner
7. startle
8. hard
9. farming
10. popcorn
11. again*
12. against*

1. ___ ___ ___ ___
2. ___ ___ ___
3. ___ ___ ___ ___
4. ___ ___ ___ ___
5. ___ ___ ___ ___ ___
6. ___ ___ ___ ___ ___ ___
7. ___ ___ ___ ___ ___ ___ ___
8. ___ ___ ___ ___
9. ___ ___ ___ ___ ___ ___ ___
10. ___ ___ ___ ___ ___ ___ ___
11. ___ ___ ___ ___ ___
12. ___ ___ ___ ___ ___ ___ ___

Note: The words followed by an asterisk are sight words and need to be memorized.

Name _____

Spelling Sound Sheet 67
(for use with Lesson 92)
Phonics 1

1. _____

2. _____

3. _____

4. _____

5. _____

6. _____

7. _____

8. _____

9. _____

10. _____

11. _____

12. _____

13. _____

14. _____

15. _____

16. _____

17. _____

18. _____

19. _____

20. _____

21. _____

22. _____

23. _____

24. _____

25. _____

26. _____

27. _____

28. _____

29. _____

30. _____

31. _____

32. _____

33. _____

34. _____

35. _____

36. _____

37. _____

38. _____

39. _____

40. _____

41. _____

42. _____

Copyright by Saxon Publishers, Inc. and Lorna Simmons. Reproduction prohibited.

Name _____

Teacher's Initials _____

Worksheet 92
(for use with Lesson 92)
Phonics 1

vc | cvc | cv

1. _____
2. _____
3. _____
4. _____
5. _____

6. absentee
7. interfere
8. except
9. thunderstorm
10. plate

11. boy

12. peach

13. beard

14. oval

P1-WS-092a Copyright by Saxon Publishers, Inc. and Lorna Simmons. Reproduction prohibited.

Parent's Initials _____

Homework 92
(for use with Lesson 92)
Phonics 1

vc | cvc | cv

1. appendix
2. fantastic
3. citrus
4. face
5. thorn

6. Atlantic
7. cornerstone
8. center
9. rice
10. beep

11. poison

13. feather

12. seal

14. coin

Parents: Your child has been taught the syllable division rule **vc | cvc | cv**; that words that name things are called **nouns**; and that words that name specific things are called **proper nouns**.

Name _____

Activity Sheet 4
(for use with Lesson 93)
Phonics 1

____ egret

____ dinosaur

____ caterpillar

____ anteater

____ bison

1 2 3 4 5

Name _____

Spelling Sound Sheet 68
(for use with Lesson 93)
Phonics 1

er	oi	ẏ	ar
ow	a	oy	k
ç	qu	i	or
ay	e	u	o

Name _____

Teacher's Initials _____

Worksheet 93
(for use with Lesson 93)
Phonics 1

●'[tion

1. _____

2. _____

3. _____

4. _____

5. _____

6. portion

7. function

8. dictation

9. wealth

10. feasting

Zack had a great invention. He invented an alarm clock that would ring again and again when no one turned it off. This clock was great for people who did not wake up when their alarm clock was ringing.

11. What was Zack's invention?

_____

12. What did the alarm clock do?

_____

Parent's Initials _____

Homework 93
(for use with Lesson 93)
Phonics 1

´[tion

1. traction
2. fraction
3. interruption
4. information
5. threat
6. dreaming
7. heating
8. clearing
9. nod
10. so

Zack's alarm clock would ring for a short time. If no one turned it off, it would stop ringing, wait, and then start ringing again. It would keep ringing off and on until the alarm clock was turned off. Zack's friends were happy when they woke up and made it to class on time.

11. If no one turned the alarm clock off, what would happen?

_____

12. Why were Zack's friends happy?

_____

Parents: Your child has been taught **final, stable syllable -tion**.

P1-WS-093b

Copyright by Saxon Publishers, Inc. and Lorna Simmons. Reproduction prohibited.

Name _____   **Spelling Sound Sheet 69**
(for use with Lesson 94)
Phonics 1

1. _____   16. _____   31. _____

2. _____   17. _____   32. _____

3. _____   18. _____   33. _____

4. _____   19. _____   34. _____

5. _____   20. _____   35. _____

6. _____   21. _____   36. _____

7. _____   22. _____   37. _____

8. _____   23. _____   38. _____

9. _____   24. _____   39. _____

10. _____   25. _____   40. _____

11. _____   26. _____   41. _____

12. _____   27. _____   42. _____

13. _____   28. _____   43. _____

14. _____   29. _____   44. _____

15. _____   30. _____

Name _____

Teacher's Initials _____

Worksheet 94
(for use with Lesson 94)
Phonics 1

1. _____
2. _____
3. _____
4. _____
5. _____

6. cue
7. blueberry
8. motion
9. pursue
10. joining

Parent's Initials _____

Homework 94
(for use with Lesson 94)
Phonics 1

1. miscue
2. due
3. lotion
4. burden
5. spur

6. boiling
7. merry
8. grassy
9. rafting
10. romping

Parents: Your child has been taught the two sounds of **digraph ue** (as in *glue* and *value*); and that digraph *ue* is usually found in the final position.

Name _____

Assessment 18
(for use with Lesson 95)
Phonics 1

● **Section I**

1. ___ ___ ___ ___ ___
2. ___ ___ ___
3. ___ ___ ___ ___ ___
4. ___ ___ ___
5. ___ ___ ___ ___

Section II

6. <u>oi</u>

● 7. <u>oy</u>

8. <u>ēa</u>

9. <u>ĕa</u>

● 10. <u>ea</u>

Section III

11. alarm
12. bread
13. steak
14. earrings

Section IV

For some people, gardening is a hobby. Miss Carter loves to plant things and take care of them. In the spring, she plants many plants. She likes her red tulips, green ivy, and pink roses the best. She likes to plant things that will come back year after year. Miss Carter has the best yard on the block.

15. What's Miss Carter's hobby?
    _____

16. When does Miss Carter plant things?
    _____

17. What does she like best?
    _____
    _____

Assessment 18
(for use with Lesson 95)
Phonics 1

18. Who has the best yard on the block?

    _____

Section V

19. floor _____

20. early _____

21. bush _____

22. push _____

23. once _____

24. when _____

Section VI

25. oi _____

26. oy _____

27. ea _____

Name _____

Spelling Test 16
(for use on or after Lesson 95)
Phonics 1

Spelling Test

1. ___ ___ ___

2. ___ ___

3. ___ ___ ___

4. ___ ___ ___

5. ___ ___ ___ ___

6. ___ ___ ___ ___ ___

7. ___ ___ ___ ___ ___ ___

8. ___ ___ ___

9. ___ ___ ___ ___ ___

10. ___ ___ ___ ___ ___

*11. ___ ___ ___ ___

*12. ___ ___ ___ ___ ___ ___

Name _____

Spelling Sound Sheet 70
(for use with Lesson 96)
Phonics 1

1. _____   16. _____   31. _____
2. _____   17. _____   32. _____
3. _____   18. _____   33. _____
4. _____   19. _____   34. _____
5. _____   20. _____   35. _____
6. _____   21. _____   36. _____
7. _____   22. _____   37. _____
8. _____   23. _____   38. _____
9. _____   24. _____   39. _____
10. _____   25. _____   40. _____
11. _____   26. _____   41. _____
12. _____   27. _____   42. _____
13. _____   28. _____   43. _____
14. _____   29. _____
15. _____   30. _____

P1-SSS-070a   Copyright by Saxon Publishers, Inc. and Lorna Simmons. Reproduction prohibited.

Name _____

Teacher's Initials _____

Worksheet 96
(for use with Lesson 96)
Phonics 1

Suffix -es

1. desk ☐ _____
2. bush ☐ _____
3. book ☐ _____
4. six ☐ _____
5. boss ☐ _____
6. cupcake ☐ _____
7. rich ☐ _____
8. friend ☐ _____
9. fact ☐ _____
10. fox ☐ _____

Parent's Initials _____

Homework 96
(for use with Lesson 96)
Phonics 1

Suffix -es

1. dish ☐ _____
2. cat ☐ _____
3. kite ☐ _____
4. mix ☐ _____
5. student ☐ _____
6. glass ☐ _____
7. inch ☐ _____
8. mistake ☐ _____
9. splash ☐ _____
10. seed ☐ _____

Parents: Your child has been taught **suffix -es** and its meaning; that a **sibilant sound** is a hissing sound (*s, sh, ch, x, j, z*); and that suffix *-es* is added to form the plural of words that end with sibilant sounds.

P1-WS-096b Copyright by Saxon Publishers, Inc. and Lorna Simmons. Reproduction prohibited.

Name _____

Spelling List 17
(for use on or after Lesson 96)
Phonics 1

Spelling Words

1. baby
2. even
3. over
4. minus
5. super
6. focus
7. quiz
8. born
9. trace
10. clover
11. says*
12. they*

1. __ __ __ __
2. __ __ __ __
3. __ __ __ __
4. __ __ __ __ __
5. __ __ __ __ __
6. __ __ __ __ __
7. __ __ __ __
8. __ __ __ __
9. __ __ __ __ __
10. __ __ __ __ __ __
11. __ __ __ __
12. __ __ __ __

Note: The words followed by an asterisk are sight words and need to be memorized.

Copyright by Saxon Publishers, Inc. and Lorna Simmons. Reproduction prohibited.

Name _____

Spelling Sound Sheet 71
(for use with Lesson 97)
Phonics 1

1. _____
2. _____
3. _____
4. _____
5. _____
6. _____
7. _____
8. _____
9. _____
10. _____
11. _____
12. _____
13. _____
14. _____
15. _____

16. _____
17. _____
18. _____
19. _____
20. _____
21. _____
22. _____
23. _____
24. _____
25. _____
26. _____
27. _____
28. _____
29. _____
30. _____

31. _____
32. _____
33. _____
34. _____
35. _____
36. _____
37. _____
38. _____
39. _____
40. _____
41. _____
42. _____
43. _____
44. _____

Name _____

Teacher's Initials _____

Worksheet 97
(for use with Lesson 97)
Phonics 1

OU and OW

1. _____
2. _____
3. _____
4. _____
5. _____

6. groundhog
7. scowling
8. downstairs
9. daylight
10. garment

11. owl
12. sunflower
13. mouse
14. cloud

Homework 97
(for use with Lesson 97)
Phonics 1

Parent's Initials _____

Ou and Ow

1. playground
2. sprouting
3. plowing
4. mailbox
5. faint
6. haircut
7. windmill
8. way
9. garlic
10. scarlet

11. crown
12. cowboy
13. birdhouse
14. couch

Parents: Your child has been taught **diphthongs ou** and **ow** (as in *mouse* and *cow*); that diphthong *ou* is usually found in the initial or medial position; and that diphthong *ow* is usually found in the final position.

Name _____

Activity Sheet 5
(for use with Lesson 98)
Phonics 1

_____ avid

_____ ink

_____ green

_____ crayon

_____ flax

1   2   3   4   5

Name _____

Teacher's Initials _____

Worksheet 98
(for use with Lesson 98)
Phonics 1

Spelling with ou and ow

1. _____

2. _____

3. _____

4. _____

5. _____

6. _____

7. _____

8. _____

9. _____

10. _____

Irregular words:

brown
down
clown
town
howl
owl

Rewrite the irregular words:

_____

_____

_____

_____

_____

_____

Parent's Initials _____

Homework 98
(for use with Lesson 98)
Phonics 1

Spelling with ou and ow

When spelling with *ou* and *ow*, the most common spelling of /ou/ in the initial or medial position is *ou*. The most common spelling of /ou/ in the final position is *ow*. It is irregular to find *ou* in the final position or *ow* in the initial or medial position.

Circle the irregular spelling words, then code and read all of the words.

round	shout	howl
down	cow	around
how	town	found
brown	ground	clown

Parents: Your child has been taught to recognize the **irregular spelling** of words that use diphthong *ow* in the medial position.

Name _____

Spelling Sound Sheet 72
(for use with Lesson 99)
Phonics 1

1. _____   16. _____   31. _____
2. _____   17. _____   32. _____
3. _____   18. _____   33. _____
4. _____   19. _____   34. _____
5. _____   20. _____   35. _____
6. _____   21. _____   36. _____
7. _____   22. _____   37. _____
8. _____   23. _____   38. _____
9. _____   24. _____   39. _____
10. _____   25. _____   40. _____
11. _____   26. _____   41. _____
12. _____   27. _____   42. _____
13. _____   28. _____   43. _____
14. _____   29. _____   44. _____
15. _____   30. _____

Copyright by Saxon Publishers, Inc. and Lorna Simmons. Reproduction prohibited.

Name _____

Teacher's Initials _____

Worksheet 99
(for use with Lesson 99)
Phonics 1

VCCCV

1. _____

2. _____

3. _____

4. _____

5. _____

6. employ

7. ointment

8. headrest

9. slowness

10. blackbird

Parent's Initials _____

Homework 99
(for use with Lesson 99)
Phonics 1

VCCCV

1. instant
2. athlete
3. address
4. subtract
5. boil

6. tomboy
7. snowman
8. follow
9. stir
10. pickup

Parents: Your child has been taught the syllable division rules vc | ccv and vcc | cv.

Name _____

Assessment 19
(for use with Lesson 100)
Phonics 1

Section I

1. _____
2. _____
3. _____
4. _____
5. _____

Section II

6. u̅e̸

7. [tion

Section III

8. clue
9. carnation
10. bathtub
11. flagpole
12. perfume

Section IV

Spiders are feared but are less understood than lots of animals (ăn|ĭ|mȧls). They are a lot like ticks and mites. Spiders spin webs to get their food. The web may be spun each day or may last longer. Some spiders wait in the center of their web for food and some hide nearby. They will wait for gnats (năts), sow bugs, or moths.

13. What are feared more than lots of animals?
 _____

14. What are spiders like?
 _____

15. Can webs be spun each day?
 _____

16. Where do some spiders wait? _____
 _____
 _____

17. What do spiders eat?
 _____
 _____

Assessment 19
(for use with Lesson 100)
Phonics 1

Section V

18. color _____

19. mother _____

20. learn _____

21. any _____

22. many _____

23. could _____

Section VI

24. ue _____

25. tion _____

Name _____

Spelling Test 17
(for use on or after Lesson 100)
Phonics 1

Spelling Test

1. ___ ___ ___

2. ___ ___ ___

3. ___ ___ ___

4. ___ ___ ___

5. ___ ___ ___

6. ___ ___ ___

7. ___ ___ ___

8. ___ ___ ___

9. ___ ___ ___

10. ___ ___ ___ ___

*11. ___ ___ ___

*12. ___ ___ ___

Name _____   **Spelling Sound Sheet 73**
(for use with Lesson 101)
Phonics 1

1. _____   16. _____   31. _____
2. _____   17. _____   32. _____
3. _____   18. _____   33. _____
4. _____   19. _____   34. _____
5. _____   20. _____   35. _____
6. _____   21. _____   36. _____
7. _____   22. _____   37. _____
8. _____   23. _____   38. _____
9. _____   24. _____   39. _____
10. _____ 25. _____   40. _____
11. _____ 26. _____   41. _____
12. _____ 27. _____   42. _____
13. _____ 28. _____   43. _____
14. _____ 29. _____   44. _____
15. _____ 30. _____   45. _____

Name _____

Teacher's Initials _____

Worksheet 101
(for use with Lesson 101)
Phonics 1

1. _____
2. _____
3. _____
4. _____
5. _____

6. cause
7. launchpad
8. rotate
9. oversleep
10. spicy

One August day, the sun was shining and my friend Terry and I were playing outside. We were riding our bikes and having a great time. Terry was not looking ahead and ran into a curb. She went flying over her handlebars. I was so scared! I was sure she was hurt.

11. What did Terry hit? _____

12. What did Terry fly over? _____

Parent's Initials _____

Homework 101
(for use with Lesson 101)
Phonics 1

au

1. sauce
2. bonus
3. pause
4. ace
5. vault

6. donate
7. crater
8. lacy
9. succeed
10. gauze

Terry landed in the grass by the curb she hit. At first she seemed dazed. She didn't get up and she didn't speak. I ran over to her side thinking she was really hurt. Just as I got to her side she said, "Boo! Did I scare you?" I was scared but I was sure happy that she was not hurt.

11. How did Terry act at first?

_____

12. What did Terry say?

_____

Parents: Your child has been taught **digraph au;** and that it is usually found in the initial or medial position.

Name _____

Spelling List 18
(for use on or after Lesson 101)
Phonics 1

Spelling Words

1. silent
2. order
3. farmyard
4. checking
5. year
6. teacher
7. seat
8. hiding
9. mice
10. space
11. build*
12. built*

1. _ _ _ _ _ _
2. _ _ _ _ _
3. _ _ _ _ _ _ _ _
4. _ _ _ _ _ _ _ _
5. _ _ _ _
6. _ _ _ _ _ _ _
7. _ _ _ _
8. _ _ _ _ _ _
9. _ _ _ _
10. _ _ _ _ _
11. _ _ _ _ _
12. _ _ _ _ _

Note: The words followed by an asterisk are sight words and need to be memorized.

P1-SL-018   Copyright by Saxon Publishers, Inc. and Lorna Simmons. Reproduction prohibited.

Name _____ **Spelling Sound Sheet 74**
(for use with Lesson 102)
Phonics 1

1. _____   17. _____   33. _____
2. _____   18. _____   34. _____
3. _____   19. _____   35. _____
4. _____   20. _____   36. _____
5. _____   21. _____   37. _____
6. _____   22. _____   38. _____
7. _____   23. _____   39. _____
8. _____   24. _____   40. _____
9. _____   25. _____   41. _____
10. _____   26. _____   42. _____
11. _____   27. _____   43. _____
12. _____   28. _____   44. _____
13. _____   29. _____   45. _____
14. _____   30. _____   46. _____
15. _____   31. _____
16. _____   32. _____

Name _____
Teacher's Initials _____

Worksheet 102
(for use with Lesson 102)
Phonics 1

aw

1. _____
2. _____
3. _____
4. _____
5. _____

6. squawking
7. reasoned
8. shawl
9. fraud
10. scouring

11. saw

12. auto

13. claw

14. hawk

Parent's Initials _____

Homework 102
(for use with Lesson 102)
Phonics 1

aw

1. slaw
2. pawn
3. sawing
4. fault
5. pounded

6. squinting
7. crowing
8. shouting
9. squeaking
10. dreaming

11. faucet  13. lobster

12. clown  14. paw

Parents: Your child has been taught **digraph aw**; and that it is usually found in the final position.

Spelling Sound Sheet 75
(for use with Lesson 103)
Phonics 1

tion	oi	ow	a
qu	i	oy	ue
k	ou	c	o
e	or	ar	ch

Name _____

Teacher's Initials _____

Worksheet 103
(for use with Lesson 103)
Phonics 1

"Wild Colt" Words

1. _____ 6. gold

2. _____ 7. pint

3. _____ 8. auction

4. _____ 9. owning

5. _____ 10. yellow

"Wild Colt" Words

"Wild Colt" words are just like a real wild colt. No matter how hard you try to tame them, they do not do what they are supposed to. I guess (gĕs) they just have minds of their own. You can't hold them down. You can't scold them. These words must not see that they have a vowel followed by two consonants.

11. What do these words act like?

    _____

12. "Wild Colt" words don't _____ like they should.

P1-WS-103a   Copyright by Saxon Publishers, Inc. and Lorna Simmons. Reproduction prohibited.

Parent's Initials _____

Homework 103
(for use with Lesson 103)
Phonics 1

"Wild Colt" Words

1. both
2. find
3. kind
4. most
5. told
6. motion
7. snow
8. follow
9. scolded
10. mind

"Wild Colt" words are bold and do not follow our short vowel rule. There are even some that follow both rules: We wind the clock but the cold wind is blowing. We can't forget about words like *sold*, *post*, *fold*, *grind*, and *gold*; we really need them! So I guess we will let them be the way they are ... "Wild Colt" words!

11. Write three "Wild Colt" words.

   _____, _____, _____

12. Write one "Wild Colt" word that follows both rules.

   _____

Parents: Your child has been taught to recognize **"Wild Colt" words** (*i* or *o* is followed by two consonants and the vowel is long instead of short, as in *wild*, *colt*, *pint*, *roll*, etc.).

Name _____ **Spelling Sound Sheet 76**
(for use with Lesson 104)
Phonics 1

1. _____   16. _____   31. _____
2. _____   17. _____   32. _____
3. _____   18. _____   33. _____
4. _____   19. _____   34. _____
5. _____   20. _____   35. _____
6. _____   21. _____   36. _____
7. _____   22. _____   37. _____
8. _____   23. _____   38. _____
9. _____   24. _____   39. _____
10. _____   25. _____   40. _____
11. _____   26. _____   41. _____
12. _____   27. _____   42. _____
13. _____   28. _____   43. _____
14. _____   29. _____   44. _____
15. _____   30. _____   45. _____

Name _____

Teacher's Initials _____

Worksheet 104
(for use with Lesson 104)
Phonics 1

ōá

1. _____
2. _____
3. _____
4. _____
5. _____

6. coaching
7. charcoal
8. skateboard
9. stacked
10. mocking

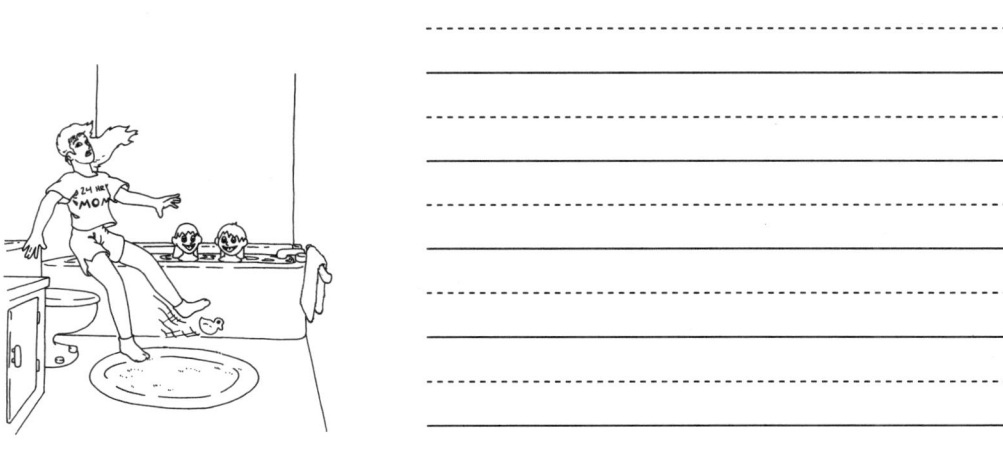

_____
_____
_____
_____
_____
_____
_____
_____
_____

Parent's Initials _____

Homework 104
(for use with Lesson 104)
Phonics 1

1. roast
2. poached
3. scoreboard
4. glide
5. coasting
6. loading
7. gasping
8. stacking
9. tacked
10. child

Parents: Your child has been taught **digraph oa**.

Name _____

Assessment 20
(for use with Lesson 105)
Phonics 1

Section I

1. ___ ___ ___ ___ ___ ___ ___

2. ___ ___ ___ ___

3. ___ ___

4. ___ ___ ___ ___ ___

5. ___ ___ ___

Section II

6. o̱u

7. o̱w

Section III

8. owl
9. cowboy
10. lighthouse
11. mouth
12. birdhouse

Section IV

Last week my cat, Libby, had three kittens. One is black with tan feet and is a boy. The two girls are both striped. The tiny kittens snuggle up to Libby most of the time. They drink lots of milk and are getting fat. It will be fun when they can see. When they are older and can run and jump we will play together. When they get to be six weeks old, they will go to homes with people who will love them and take good care of them.

13. What is my cat's name?
    _____

14. How many kittens did she have?
    _____

15. How many kittens were girls?
    _____

16. What is making them fat?
    _____

Assessment 20
(for use with Lesson 105)
Phonics 1

17. How old do they have to be to leave Libby?
   _____

Section V

18. through _____

19. would _____

20. sure _____

21. earth _____

22. should _____

23. father _____

Section VI

24. ou _____

25. ow _____

Name _____

Spelling Test 18
(for use on or after Lesson 105)
Phonics 1

Spelling Test

1. __ __ __ __ __

2. __ __ __ __

3. __ __ __ __ __ __ __

4. __ __ __ __ __ __ __

5. __ __ __

6. __ __ __ __ __ __

7. __ __ __ __

8. __ __ __ __ __

9. __ __ __

10. __ __ __ __

*11. __ __ __ __

*12. __ __ __ __

Name _____

Spelling Sound Sheet 77
(for use with Lesson 106)
Phonics 1

1. _____   16. _____   31. _____

2. _____   17. _____   32. _____

3. _____   18. _____   33. _____

4. _____   19. _____   34. _____

5. _____   20. _____   35. _____

6. _____   21. _____   36. _____

7. _____   22. _____   37. _____

8. _____   23. _____   38. _____

9. _____   24. _____   39. _____

10. _____   25. _____   40. _____

11. _____   26. _____   41. _____

12. _____   27. _____   42. _____

13. _____   28. _____   43. _____

14. _____   29. _____   44. _____

15. _____   30. _____   45. _____

Name _____

Teacher's Initials _____

Worksheet 106
(for use with Lesson 106)
Phonics 1

1. _____
2. _____
3. _____
4. _____
5. _____

6. turkey
7. valley
8. goalkeeping
9. concerned
10. rodent

The Landreys had a day off. "Let's take a short trip to the valley," said Dad. He went to find his keys. Mom and Tommy made turkey sandwiches to take along. Vince went to get a hockey book to read on the way. It was a long time until Dad came back. When Dad came back he said, "My car is sitting in the alley, but it's locked! We can't go until we find my keychain."

11. What was missing? _____

12. Where did they want to go? _____

P1-WS-106a   Copyright by Saxon Publishers, Inc. and Lorna Simmons. Reproduction prohibited.

Parent's Initials _____

Homework 106
(for use with Lesson 106)
Phonics 1

1. donkey
2. medley
3. roam
4. creep
5. cancel
6. moment
7. soaked
8. crossroad
9. surfboard
10. oar

The Landreys started hunting for the keys. They looked through each room in the house. They checked in Dad's pockets and under the beds. Mom looked in the trash and under the pillows on the couch. Tommy and Vince went outside to look in the yard. Dotty, their dalmation puppy, was in her doghouse. Tommy and Vince could hear a jingling sound. They snuck over to see what it was. Dotty looked up surprised to see the children peeking inside. As she did, the leather keychain fell from her mouth.

11. What did Tommy and Vince hear? _____

12. Who had the keys? _____

Parents: Your child has been taught **digraph ey** (as in *key*); and that it is usually found in the final position.

P1-WS-106b   Copyright by Saxon Publishers, Inc. and Lorna Simmons. Reproduction prohibited.

Name _____

Spelling List 19
(for use on or after Lesson 106)
Phonics 1

Spelling Words

1. motion
2. action
3. nation
4. boil
5. point
6. boy
7. enjoy
8. argue
9. spoil
10. glue
11. people*
12. there*

1. __ __ __ __ __ __
2. __ __ __ __ __ __
3. __ __ __ __ __ __
4. __ __ __ __
5. __ __ __ __ __
6. __ __ __
7. __ __ __ __ __
8. __ __ __ __ __
9. __ __ __ __ __
10. __ __ __ __
11. __ __ __ __ __ __
12. __ __ __ __ __

Note: The words followed by an asterisk are sight words and need to be memorized.

Name _____

Spelling Sound Sheet 78
(for use with Lesson 107)
Phonics 1

1. _____
2. _____
3. _____
4. _____
5. _____
6. _____
7. _____
8. _____
9. _____
10. _____
11. _____
12. _____
13. _____
14. _____
15. _____

16. _____
17. _____
18. _____
19. _____
20. _____
21. _____
22. _____
23. _____
24. _____
25. _____
26. _____
27. _____
28. _____
29. _____
30. _____

31. _____
32. _____
33. _____
34. _____
35. _____
36. _____
37. _____
38. _____
39. _____
40. _____
41. _____
42. _____
43. _____
44. _____
45. _____

Name _____   **Worksheet 107**
Teacher's Initials _____   (for use with Lesson 107)
                                         Phonics 1

● # vć|v

1. _____
2. _____
3. _____
4. _____
● 5. _____

6. city
7. finish
8. visit
9. blouse
10. steamless

11. lemon

12. dragon

13. key

● 14. soap

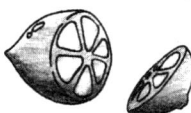

Parent's Initials _____

Homework 107
(for use with Lesson 107)
Phonics 1

vc´|v

1. salad
2. sliver
3. habit
4. shout
5. meatless

6. grounded
7. profiting
8. pleat
9. leafy
10. breathless

11. lily

12. monkey

13. turkey

14. goldfish

Parents: Your child has been taught the syllable division rule vc´|v.

Name _____

Activity Sheet 6
(for use with Lesson 108)
Phonics 1

_____ drop   _____ help

_____ feed   _____ dig

_____ list   _____ juggle

_____ beg   _____ end

_____ jump   _____ ask

_____ hide   _____ miss

1 2 3 4 5 6   1 2 3 4 5 6

Name _____

Teacher's Initials _____

Worksheet 108
(for use with Lesson 108)
Phonics 1

1. _____
2. _____
3. _____
4. _____
5. _____

6. orphan
7. phrase
8. toadstool
9. lash
10. molded

Our phonics class got to go to the zoo today for doing so well on our spelling test! We stayed most of the day. I loved the big, strong elephants with the long trunks. They had gophers living inside the fence with them. The best show we saw was the dolphins. They had so much talent.

11. Why did the phonics class go to the zoo?

_____

12. Who lived with the elephants? _____

P1-WS-108a   Copyright by Saxon Publishers, Inc. and Lorna Simmons. Reproduction prohibited.

Parent's Initials _____

Homework 108
(for use with Lesson 108)
Phonics 1

1. phase
2. hole
3. topcoat
4. rush
5. hosted
6. rolled
7. side
8. bloomed
9. boasted
10. zoom

There was a male dolphin, Phil, and a female dolphin, Hazel. Hazel could speak on the phone. She looked so smart. Phil had learned his alphabet and could point to the letters the trainer named. Phil and Hazel could both jump over a rope. They had gotten a trophy for this trick. They even sang for us at the end. We had to leave at two o'clock but our teacher, Miss Jones, said that someday we could go back again.

11. Who was Hazel? _____

12. What tricks could Phil do? _____
_____

Parents: Your child has been taught **digraph ph.**

Name _____

Spelling Sound Sheet 79
(for use with Lesson 109)
Phonics 1

1. _____
2. _____
3. _____
4. _____
5. _____
6. _____
7. _____
8. _____
9. _____
10. _____
11. _____
12. _____
13. _____
14. _____
15. _____

16. _____
17. _____
18. _____
19. _____
20. _____
21. _____
22. _____
23. _____
24. _____
25. _____
26. _____
27. _____
28. _____
29. _____
30. _____

31. _____
32. _____
33. _____
34. _____
35. _____
36. _____
37. _____
38. _____
39. _____
40. _____
41. _____
42. _____
43. _____
44. _____
45. _____

Copyright by Saxon Publishers, Inc. and Lorna Simmons. Reproduction prohibited.

Name _____

Teacher's Initials _____

Worksheet 109
(for use with Lesson 109)
Phonics 1

g

1. _____
2. _____
3. _____
4. _____
5. _____

6. gel
7. lawyer
8. digit
9. child
10. roads

P1-WS-109a　　Copyright by Saxon Publishers, Inc. and Lorna Simmons. Reproduction prohibited.

Parent's Initials _____

Homework 109
(for use with Lesson 109)
Phonics 1

g

1. classic
2. stilt
3. outlaw
4. chop
5. foam

6. slid
7. germs
8. roach
9. mild
10. tragic

Parents: Your child has been taught the **soft g** (*j*); that it is always followed by an *e*, *i*, or *y*; and that it is coded by placing a dot over it.

Name _____

Assessment 21
(for use with Lesson 110)
Phonics 1

Section I

1. __ __ __ __ __ __ __

2. __ __ __ __ __ __ __ __

3. __ __ __ __ __ __

4. __ __ __ __ __

5. __ __ __ __ __ __ __

Section II

6. ō<u>a</u>

7. <u>au</u>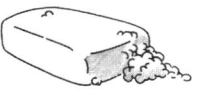

8. <u>aw</u>

Section III

9. toast

10. goldfish

11. faucet

12. seesaw

Section IV

Amy wanted to hear a bedtime story. "What story do you want me to read?" asked Mom. "Well, I like the one about the three little pigs," said Amy. "They each build a house. One builds his house with straw, one builds his house with sticks, and the third builds his house with bricks." "That's the one with the big bad wolf (wŏolf) who blows all the houses down except the brick house," said Mom. "You know what I'm thinking, Mom?" said Amy. "I'm glad that a wolf can't really blow a house down."

13. Who wanted to hear a bedtime story?

  _____

14. What story did Amy want her mom to read?

  _____

15. With what three things did the pigs build their houses?

  _____

  _____

  _____

Section V

16. **other** ____________

17. **climb** ____________

Section VI

18. **oa** ______________________________

19. **au** ______________________________

20. **aw** ______________________________

Section VI

21. (ĕ́l|ə̊|p̲h̲ ə̊nt) ____________

22. (hĭp|p̸ó|ə̊|pŏt|ə̊|mŭs) ____________

23. (gṓ|p̲h̲e̲r̲) ____________

24. (ắn|tə̊|lōpe̸) ____________

Name _____

Spelling Test 19
(for use on or after Lesson 110)
Phonics 1

Spelling Test

● 1. __ __ __ __ __

2. __ __ __ __ __

3. __ __ __ __

4. __ __ __

5. __ __ __ __

● 6. __ __

7. __ __ __ __

8. __ __ __ __

9. __ __ __ __

10. __ __ __

*11. __ __ __ __ __

● *12. __ __ __ __

Doubling Rule

1. rub + ing = _____
2. shell + ing = _____
3. pat + ed = _____
4. need + less = _____
5. shut + ing = _____
6. bad + ly = _____
7. bat + ed = _____
8. sing + ing = _____
9. look + ing = _____
10. sweet + ness = _____

Doubling Rule

1. ☐ belt + ☐ less = _____
2. ☐ slap + ☐ ing = _____
3. ☐ smell + ☐ y = _____
4. ☐ red + ☐ ness = _____
5. ☐ lap + ☐ ing = _____
6. ☐ cook + ☐ ing = _____
7. ☐ grant + ☐ ed = _____
8. ☐ rot + ☐ ing = _____
9. ☐ blot + ☐ ed = _____
10. ☐ smooth + ☐ ly = _____

Parents: Your child has been taught the **doubling rule:** when the final syllable of a word is accented and ends with one vowel and one consonant, double the final consonant before adding a vowel suffix.

Name _____

Spelling List 20
(for use on or after Lesson 111)
Phonics 1

Spelling Words

1. cloud
2. ground
3. shout
4. subtract
5. empty
6. how
7. loud
8. cowboy
9. partner
10. lobster
11. love*
12. shoe*

1. _____
2. _____
3. _____
4. _____
5. _____
6. ___
7. _____
8. _____
9. _____
10. _____
11. _____
12. _____

Note: The words followed by an asterisk are sight words and need to be memorized.

Name _____ **Spelling Sound Sheet 80**
(for use with Lesson 112)
Phonics 1

1. _____
2. _____
3. _____
4. _____
5. _____
6. _____
7. _____
8. _____
9. _____
10. _____
11. _____
12. _____
13. _____
14. _____
15. _____

16. _____
17. _____
18. _____
19. _____
20. _____
21. _____
22. _____
23. _____
24. _____
25. _____
26. _____
27. _____
28. _____
29. _____
30. _____

31. _____
32. _____
33. _____
34. _____
35. _____
36. _____
37. _____
38. _____
39. _____
40. _____
41. _____
42. _____
43. _____
44. _____
45. _____

Name _____   **Worksheet 112**
(for use with Lesson 112)
Teacher's Initials _____   **Phonics 1**

k̶n, g̶n, w̶r

1. _____   6. songwriting

2. _____   7. gnawing

3. _____   8. kneaded

4. _____   9. wrinkle

5. _____   10. campaign

11. cage    13. gem

12. river    14. dolphin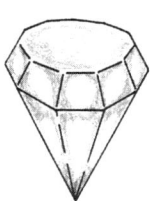

Parent's Initials _____

Homework 112
(for use with Lesson 112)
Phonics 1

k̸n, g̸n, w̸r

1. knock
2. wreath
3. signing
4. toddle
5. cuddle
6. crumple
7. upstairs
8. paid
9. smeared
10. steamed

11. cabin 　　13. phone

12. salad 　　14. box

Parents: Your child has been taught the **"ghost letter" digraphs kn, gn, and wr;** and that ghost letters are letters that were originally pronounced but have since become silent.

Name _____

Spelling Sound Sheet 81
(for use with Lesson 113)
Phonics 1

g	au	es	y
ue	less	ow	oi
ing	tion	ly	aw
oy	ness	qu	s

Name _____   **Worksheet 113**
Teacher's Initials _____   (for use with Lesson 113)
                                      Phonics 1

Doubling/Dropping

☐   ☐
1. full + y = _____

☐   ☐
2. slime + y = _____

☐   ☐
3. dig + ing = _____

☐   ☐
4. serve + ed = _____

☐   ☐
5. tap + ing = _____

☐   ☐
6. plot + ed = _____

☐   ☐
7. soft + ness = _____

☐   ☐
8. bake + ed = _____

☐   ☐
9. grip + ing = _____

☐   ☐
10. fill + ed = _____

Parent's Initials _____

Homework 113
(for use with Lesson 113)
Phonics 1

Doubling/Dropping

1. ☐ read + ☐ ing = _____
2. ☐ take + ☐ ing = _____
3. ☐ tumble + ☐ ed = _____
4. ☐ hop + ☐ ing = _____
5. ☐ hand + ☐ y = _____
6. ☐ like + ☐ ness = _____
7. ☐ spot + ☐ ed = _____
8. ☐ rage + ☐ ing = _____
9. ☐ shift + ☐ less = _____
10. ☐ pass + ☐ ed = _____

Parents: Your child has been practicing adding suffixes according to the doubling/dropping rules.

Name _____

Spelling Sound Sheet 82
(for use with Lesson 114)
Phonics 1

1. _____
2. _____
3. _____
4. _____
5. _____
6. _____
7. _____
8. _____
9. _____
10. _____
11. _____
12. _____
13. _____
14. _____
15. _____

16. _____
17. _____
18. _____
19. _____
20. _____
21. _____
22. _____
23. _____
24. _____
25. _____
26. _____
27. _____
28. _____
29. _____
30. _____

31. _____
32. _____
33. _____
34. _____
35. _____
36. _____
37. _____
38. _____
39. _____
40. _____
41. _____
42. _____
43. _____
44. _____
45. _____

Name _____

Teacher's Initials _____

Worksheet 114
(for use with Lesson 114)
Phonics 1

ē|cv́, ō|cv́, ū|cv́

1. _____
2. _____
3. _____
4. _____
5. _____

6. reduce
7. provide
8. brunet
9. greenhouse
10. trampling

P1-WS-114a

Copyright by Saxon Publishers, Inc. and Lorna Simmons. Reproduction prohibited.

Parent's Initials _____

Homework 114
(for use with Lesson 114)
Phonics 1

ē|cv́, ō|cv́, ū|cv́

1. reside
2. debate
3. produce
4. July
5. housecoat

6. pout
7. beetle
8. handling
9. feeding
10. grump

_____

Parents: Your child has been taught the syllable division rule **v|cv́** with **e, o,** and **u** (*e, o,* and *u* make their long sounds).

Name _____

Assessment 22
(for use with Lesson 115)
Phonics 1

Section I

1. __ __ __ __ __
2. __ __ __ __ __
3. __ __ __ __ __
4. __ __ __ __ __ __
5. __ __ __

Section II

6. ġ

7. p̲h̲

8. ē̲y̸

Section III

9. cage
10. turkey
11. keyhole
12. playground

Section IV

When I was a little girl, Gramps took my sister and me to a jetty to spend the afternoon. A jetty is a long row of large stones stacked from the shore into the ocean (ō´|shŭn). It is put there to protect the shore from big, hard waves. We ran and hopped over those rocks until we got to the end. We saw sea life, such as sea urchins that live on the rocks under the ocean water. It was a trip I have never forgotten.

13. How many people went to the jetty?
    _____

14. What is a long row of large stones stacked from the shore into the ocean?
    _____

15. What is a jetty for?
    _____
    _____
    _____

16. Where do sea urchins live?
    _____
    _____

Assessment 22
(for use with Lesson 115)
Phonics 1

17. Was it a good trip?
    _____

Section V

18. **guess** _____

19. **door** _____

20. **strange** _____

Section VI

21. **g** _____

22. **ph** _____

23. **ey** _____

Name _____

Spelling Test 20
(for use on or after Lesson 115)
Phonics 1

Spelling Test

1. ___ ___ ___ ___

2. ___ ___ ___ ___ ___

3. ___ ___ ___ ___

4. ___ ___ ___ ___ ___ ___ ___

5. ___ ___ ___ ___

6. ___ ___

7. ___ ___ ___

8. ___ ___ ___ ___ ___

9. ___ ___ ___ ___ ___

10. ___ ___ ___ ___ ___ ___

*11. ___ ___ ___ ___

*12. ___ ___ ___

Name _____

Teacher's Initials _____

Worksheet 116
(for use with Lesson 116)
Phonics 1

tch

1. _____
2. _____
3. _____
4. _____
5. _____

6. twitching
7. switchboard
8. stretch
9. scowled
10. teaspoon

Matt and Mitch play on a team named the Sluggers. Matt is a pitcher and can throw an excellent curve pitch. Mitch is the team's catcher. He rarely misses a pitch. Sometimes they switch places just for fun. Both boys can run really fast. They make home runs when they get hard hits.

11. What is the name of the team?

_____

12. What happens when they get hard hits?

_____

P1-WS-116a   Copyright by Saxon Publishers, Inc. and Lorna Simmons. Reproduction prohibited.

Parent's Initials _____

Homework 116
(for use with Lesson 116)
Phonics 1

tch

1. ditch
2. switching
3. patch
4. stretching
5. coast
6. loading
7. drown
8. preaching
9. grooming
10. scoop

The team plays on a patch of ground near a deep ditch that attracts chiggers. In the springtime of the year, the boys itch and scratch from all the chigger bites they get playing on that lot. Many of their hits go into the nearby ditch if the boys can't catch them. They have been trying hard this year to be the best. If they play well this year, they are certain to win the round robin.

11. What makes the boys itch? _____

12. Where do their hits go if the boys can't catch them?

_____

Parents: Your child has been taught **trigraph tch;** that it usually follows a short vowel; and that it is usually found in the final position.

Name _____

Spelling List 21
(for use on or after Lesson 116)
Phonics 1

Spelling Words

1. pumpkin   1. _ _ _ _ _ _ _
2. show   2. _ _ _ _
3. proudly   3. _ _ _ _ _ _ _
4. foundation   4. _ _ _ _ _ _ _ _ _ _
5. crumple   5. _ _ _ _ _ _ _
6. September   6. _ _ _ _ _ _ _ _ _
7. making   7. _ _ _ _ _ _
8. serving   8. _ _ _ _ _ _ _
9. playground   9. _ _ _ _ _ _ _ _ _ _
10. portion   10. _ _ _ _ _ _ _
11. full*   11. _ _ _ _
12. pull*   12. _ _ _ _

Note: The words followed by an asterisk are sight words and need to be memorized.

P1-SL-021   Copyright by Saxon Publishers, Inc. and Lorna Simmons. Reproduction prohibited.

Name _____

Spelling Sound Sheet 83
(for use with Lesson 117)
Phonics 1

1. _____
2. _____
3. _____
4. _____
5. _____
6. _____
7. _____
8. _____
9. _____
10. _____
11. _____
12. _____
13. _____
14. _____
15. _____
16. _____
17. _____
18. _____
19. _____
20. _____
21. _____
22. _____
23. _____
24. _____
25. _____
26. _____
27. _____
28. _____
29. _____
30. _____
31. _____
32. _____
33. _____
34. _____
35. _____
36. _____
37. _____
38. _____
39. _____
40. _____
41. _____
42. _____
43. _____
44. _____
45. _____

Name _____ **Worksheet 117**
Teacher's Initials _____ (for use with Lesson 117)
Phonics 1

1. _____ 6. budge

2. _____ 7. erupt

3. _____ 8. lounge

4. _____ 9. crunches

5. _____ 10. billboard

11. badge      13. pitcher

12. hedge      14. patch

Parent's Initials _____

Homework 117
(for use with Lesson 117)
Phonics 1

dge

1. nudge
2. edge
3. smudge
4. pretend
5. eject

6. gouge
7. sixes
8. bunches
9. loaf
10. still

11. bridge
12. fudge

13. sketch
14. scratch

Parents: Your child has been taught **trigraph dge;** that it usually follows a short vowel; and that it is usually found in the final position.

Name _____

Activity Sheet 7
(for use with Lesson 118)
Phonics 1

____ giant

____ erase

____ juggle

____ baby

____ flock

____ danger

1 2 3 4 5 6

Name _____

Teacher's Initials _____

Worksheet 118
(for use with Lesson 118)
Phonics 1

Spelling with dge and tch

After a short vowel: dge or tch
After anything else: ge or ch

/j/ sound

1. cā_____
2. brĭ_____
3. hū_____
4. nŭ_____
5. gor_____
6. plŭn_____
7. hĕ_____
8. wĕ_____
9. ver_____
10. lŏ_____

/ch/ sound

11. ēa_____
12. thă_____
13. swĭ_____
14. pou_____
15. skră_____
16. bŭn_____
17. fĕ_____
18. hă_____
19. clŭ_____
20. bēa_____

P1-WS-118a   Copyright by Saxon Publishers, Inc. and Lorna Simmons. Reproduction prohibited.

Spelling with dge and tch

After a short vowel: dge or tch
After anything else: ge or ch

/j/ sound

1. ĕ_____
2. bă_____
3. ā_____
4. rĭ_____
5. bar_____
6. jŭ_____
7. stoo_____
8. twĭn_____
9. dŏ_____
10. plĕ_____

/ch/ sound

11. rēa_____
12. crŭ_____
13. poo_____
14. skĕ_____
15. bă_____
16. cou_____
17. ĕ_____
18. tēa_____
19. nŏ_____
20. strĕ_____

Parents: Your child has been practicing spelling words with **dge/ge** and **tch/ch**.

Name _____

Spelling Sound Sheet 84
(for use with Lesson 119)
Phonics 1

1. _____   16. _____   31. _____
2. _____   17. _____   32. _____
3. _____   18. _____   33. _____
4. _____   19. _____   34. _____
5. _____   20. _____   35. _____
6. _____   21. _____   36. _____
7. _____   22. _____   37. _____
8. _____   23. _____   38. _____
9. _____   24. _____   39. _____
10. _____   25. _____   40. _____
11. _____   26. _____   41. _____
12. _____   27. _____   42. _____
13. _____   28. _____   43. _____
14. _____   29. _____   44. _____
15. _____   30. _____   45. _____

Copyright by Saxon Publishers, Inc. and Lorna Simmons. Reproduction prohibited.

Name _____

Teacher's Initials _____

Worksheet 119
(for use with Lesson 119)
Phonics 1

īe̸, i̸ē

1. _____

2. _____

3. _____

4. _____

5. _____

6. cornfield

7. mouthpiece

8. tie

9. mindless

10. lampshade

Parent's Initials _____

ie, īe

1. yield
2. outfield
3. thornless
4. windstorm
5. pie

6. formless
7. eggnog
8. fire
9. dustpan
10. lifesize

Homework 119
(for use with Lesson 119)
Phonics 1

Parents: Your child has been taught the two sounds of **digraph ie** (as in *pie* and *shield*).

Name _____

Assessment 23
(for use with Lesson 120)
Phonics 1

Section I

1. __ __ __ __ __ __ __ __
2. __ __ __ __ __ __
3. __ __ __ __ __ __ __
4. __ __ __ __ __ __ __ __
5. __ __ __ __ __

Section II

6. <u>kn</u>

7. g̸<u>n</u>

8. w̸<u>r</u>

Section III

9. elude
10. scrubbing
11. baking
12. boxes

Section IV

Dusty and Shelby are going to attend Camp Paddle Trails summer camp. They get to stay there in the cabins for two weeks. They hope to meet many new (no͞o) friends from other states. During the days, they plan to be involved in water sports. This includes swimming, sailing, skin diving, and fishing. In the evenings, they will get to take hikes in the woods and sit by a campfire with their friends and tell a story or two. They can hardly wait until Sunday when camp starts. They need to get their gear packed and ready to go by then.

13. Where are Dusty and Shelby going?

_____
_____
_____

Assessment 23
(for use with Lesson 120)
Phonics 1

14. How long will they stay?
    _____

15. Who do they hope to meet?
    _____

16. Where do they get to sit in the evenings?
    _____

Section V

17. heart _____

18. been _____

Section VI

19. kn _____

20. gn _____

21. wr _____

Name _____

Spelling Test 21
(for use on or after Lesson 120)
Phonics 1

Spelling Words

1. ___ ___ ___ ___ ___ ___ ___

2. ___ ___ ___

3. ___ ___ ___ ___ ___

4. ___ ___ ___ ___ ___ ___ ___ ___ ___

5. ___ ___ ___ ___ ___ ___

6. ___ ___ ___ ___ ___ ___ ___ ___

7. ___ ___ ___ ___ ___

8. ___ ___ ___ ___ ___ ___

9. ___ ___ ___ ___ ___ ___ ___

10. ___ ___ ___ ___ ___ ___

*11. ___ ___ ___ ___

*12. ___ ___ ___ ___

Name _____

Teacher's Initials _____

Worksheet 121
(for use with Lesson 121)
Phonics 1

'ʃsion

1. _____
2. _____
3. _____
4. _____
5. _____

6. permission
7. impression
8. fierce
9. erase
10. knocked

Rod and Zack were playing a game when they heard a really loud noise. They jumped up, eager to see what the noise was. In their confusion, Rod and Zack got out the door without their coats on a day when they wished they had them. They looked every direction, but did not see anything. Perhaps it was an invasion by a space ship. Their vision blurred as they looked for space men.

11. What did Rod and Zack forget at home?

_____

12. What did Rod and Zack think made the loud noise?

_____

P1-WS-121a   Copyright by Saxon Publishers, Inc. and Lorna Simmons. Reproduction prohibited.

Parent's Initials _____

Homework 121
(for use with Lesson 121)
Phonics 1

´[sion

1. admission
2. expression
3. priest
4. recite
5. smack
6. knife
7. brief
8. unite
9. hotel
10. reserve

Rod and Zack came to the conclusion that it must have been an explosion at the gas plant. An explosion could make a noise that loud. They rushed home feeling really chilly. They could tell their version of the story to their friends as soon as they got home.

11. What made the loud noise? _____

12. What could they do when they got home?

_____

Parents: Your child has been taught the two sounds of final, stable syllable **-sion** (as in *television* and *mission*).

Name _____

Spelling List 22
(for use on or after Lesson 121)
Phonics 1

Spelling Words

1. germ
2. river
3. finish
4. seven
5. broken
6. sanding
7. slipped
8. sliding
9. sound
10. glasses
11. goes*
12. want*

1. ___ ___ ___ ___
2. ___ ___ ___ ___ ___
3. ___ ___ ___ ___ ___ ___
4. ___ ___ ___ ___ ___
5. ___ ___ ___ ___ ___ ___
6. ___ ___ ___ ___ ___ ___ ___
7. ___ ___ ___ ___ ___ ___ ___
8. ___ ___ ___ ___ ___ ___ ___
9. ___ ___ ___ ___ ___
10. ___ ___ ___ ___ ___ ___ ___
11. ___ ___ ___ ___
12. ___ ___ ___ ___

Note: The words followed by an asterisk are sight words and need to be memorized.

Name _____

Spelling Sound Sheet 85
(for use with Lesson 122)
Phonics 1

1. _____
2. _____
3. _____
4. _____
5. _____
6. _____
7. _____
8. _____
9. _____
10. _____
11. _____
12. _____
13. _____
14. _____
15. _____
16. _____
17. _____
18. _____
19. _____
20. _____
21. _____
22. _____
23. _____
24. _____
25. _____
26. _____
27. _____
28. _____
29. _____
30. _____
31. _____
32. _____
33. _____
34. _____
35. _____
36. _____
37. _____
38. _____
39. _____
40. _____
41. _____
42. _____
43. _____
44. _____
45. _____
46. _____
47. _____

Name _____

Teacher's Initials _____

Worksheet 122
(for use with Lesson 122)
Phonics 1

´[ture

1. _____
2. _____
3. _____
4. _____
5. _____

6. adventure
7. feature
8. torture
9. shield
10. scratches

11. picture    13. hatch

12. tie    14. denture

Parent's Initials _____

Homework 122
(for use with Lesson 122)
Phonics 1

'[ture

1. rupture
2. lecture
3. fixture
4. thief
5. grief

6. twitching
7. smashes
8. mixes
9. mascot
10. flop

11. furniture  13. explosion

12. pie 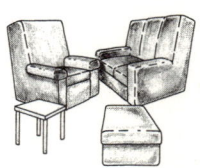 14. patch

Parents: Your child has been taught final, stable syllable **-ture.**

Name _____

Spelling Sound Sheet 86
(for use with Lesson 123)
Phonics 1

hut	pat	mat	sat
tap	hot	sit	pot
tam	top	mad	pad
met	mop	rot	ham

Name _____ **Worksheet 123**
(for use with Lesson 123)
Teacher's Initials _____ **Phonics 1**

1. _____ 6. **headache**

2. _____ 7. **chiffon**

3. _____ 8. **puncture**

4. _____ 9. **toggle**

5. _____ 10. **sweetly**

Dad sat by the fireplace last night and saw some good programs on the T.V. First was "The French Chef." This chef had excellent cooking skills. She made a lemon chiffon cake using eggs, flour, and other things. The cake looked so pretty when the chef was finished.

11. What did Dad watch on T.V. last night?

_____

12. What did the chef put in the lemon chiffon cake?

_____

Parent's Initials _____

Homework 123
(for use with Lesson 123)
Phonics 1

ch, ch

1. chef
2. school
3. scripture
4. texture
5. goggle

6. longing
7. version
8. baffle
9. greed
10. sleet

Then Dad saw a show with a cowboy who drove a convertible rather than rode a horse. He even wore leather chaps and had a handlebar mustache. During the program, he hunted for some men who had stolen the saddles right off some horses. He looked like a real cowboy until he crawled into that convertible to chase after those men. I thought (thŏt) it was rather odd, but Dad says he enjoyed that program and the one with the chef.

11. What did the cowboy wear? _____

12. What did the men steal? _____

Parents: Your child has been taught the two additional sounds of *digraph ch*: the **Greek** (hard) **ch** (as in *chord*) and the **French** (soft) **ch** (as in *chef*).

Name _____ **Spelling Sound Sheet 87**
(for use with Lesson 124)
Phonics 1

1. _____   17. _____   33. _____

2. _____   18. _____   34. _____

3. _____   19. _____   35. _____

4. _____   20. _____   36. _____

5. _____   21. _____   37. _____

6. _____   22. _____   38. _____

7. _____   23. _____   39. _____

8. _____   24. _____   40. _____

9. _____   25. _____   41. _____

10. _____   26. _____   42. _____

11. _____   27. _____   43. _____

12. _____   28. _____   44. _____

13. _____   29. _____   45. _____

14. _____   30. _____   46. _____

15. _____   31. _____   47. _____

16. _____   32. _____   48. _____

Name _____ **Worksheet 124**
Teacher's Initials _____   (for use with Lesson 124)
                                   Phonics 1

1. _____   6. white

2. _____   7. whirlpool

3. _____   8. whisker

4. _____   9. whim

5. _____   10. racehorse

Parent's Initials _____

Homework 124
(for use with Lesson 124)
Phonics 1

1. whirl
2. soon
3. drool
4. swirling
5. strike

6. whimper
7. sort
8. worn
9. twice
10. ulcer

Parents: Your child has been taught **combination wh;** and that it is pronounced "*hw*," not "*w*."

Name _____

Assessment 24
(for use with Lesson 125)
Phonics 1

Section I

1. ___ ___ ___ ___ ___
2. ___ ___ ___ ___ ___ ___
3. ___ ___ ___
4. ___ ___ ___
5. ___ ___ ___ ___ ___

Section II

6. i̅e̸

7. d̸ġe̸

8. t̸ch

Section III

9. mouthpiece
10. thief
11. tie
12. hitch

Section IV

A long time ago, people had no cars. When they needed to go somewhere, they would walk (wŏk), ride a horse, or ride in a wagon. The wagons were big and could hold many people. Fabric was put on the top to keep sun and rain from being a problem. A team of horses pulled the wagon. When they had to travel a long way, the wagons lined up on the roads. The people felt better traveling together. At night, they formed a circle with the wagons and the people stayed in the center of the circle.

13. How did people get around a long time ago?

   _____

   _____

14. What was on top of the wagon?

   _____

15. What pulled the wagon?

   _____

16. What did the people do at night with their wagons?
_____

Section V

17. cover _____

18. though _____

19. certain _____

Section VI

20. ie _____

21. dge _____

22. tch _____

Name _____

Spelling Test 22
(for use on or after Lesson 125)
Phonics 1

Spelling Test

1. ___ ___ ___ ___

2. ___ ___ ___ ___

3. ___ ___ ___ ___ ___

4. ___ ___ ___ ___

5. ___ ___ ___ ___

6. ___ ___ ___ ___ ___

7. ___ ___ ___ ___ ___ ___

8. ___ ___ ___ ___ ___ ___

9. ___ ___ ___ ___

10. ___ ___ ___ ___ ___ ___

*11. ___ ___ ___

*12. ___ ___ ___

Name _____

Teacher's Initials _____

Worksheet 126
(for use with Lesson 126)
Phonics 1

eigh

1. _____
2. _____
3. _____
4. _____
5. _____

6. overweight
7. moisture
8. toothache
9. whispering
10. wheat

My neighbor, Ted, drives a freight truck for his boss. This means he takes products from the people who make them to the people who want them. People who make products phone him for help getting the products to the people who need them.

11. What does my neighbor do for his boss?

_____

12. How do people tell Ted they need him?

_____

P1-WS-126a   Copyright by Saxon Publishers, Inc. and Lorna Simmons. Reproduction prohibited.

Parent's Initials _____

Homework 126
(for use with Lesson 126)
Phonics 1

eigh

1. underweight
2. freight
3. sculpture
4. backache
5. screaming
6. grease
7. please
8. proof
9. boom
10. lantern

Ted weighs the products and sets a price according to the total weight. For example, if someone were to send a sleigh, it might weigh eighty pounds. Ted might charge that person fifty cents to deliver it. Ted would then take his truckload of products, including the sleigh, to the people who ordered them. The sleigh might be his eighth delivery that day. The next day he starts with a load of new (n<u>oo</u>) freight.

11. What does Ted do before he sets a price for shipping the products? _____

12. What will Ted do the next day?
_____

Parents: Your child has been taught **quadrigraph eigh;** that a quadrigraph is four letters that come together to make one sound; and that quadrigraphs are coded by underlining them.

Name _____

Spelling List 23
(for use on or after Lesson 126)
Phonics 1

Spelling Words

1. saving
2. sending
3. smiled
4. melted
5. shiny
6. dusty
7. boxes
8. wishes
9. mention
10. marching
11. floor*
12. early*

1. _____
2. _____
3. _____
4. _____
5. _____
6. _____
7. _____
8. _____
9. _____
10. _____
11. _____
12. _____

Note: The words followed by an asterisk are sight words and need to be memorized.

Name _____ **Spelling Sound Sheet 88**
(for use with Lesson 127)
Phonics 1

1. _____   17. _____   33. _____
2. _____   18. _____   34. _____
3. _____   19. _____   35. _____
4. _____   20. _____   36. _____
5. _____   21. _____   37. _____
6. _____   22. _____   38. _____
7. _____   23. _____   39. _____
8. _____   24. _____   40. _____
9. _____   25. _____   41. _____
10. _____ 26. _____   42. _____
11. _____ 27. _____   43. _____
12. _____ 28. _____   44. _____
13. _____ 29. _____   45. _____
14. _____ 30. _____   46. _____
15. _____ 31. _____   47. _____
16. _____ 32. _____   48. _____

Name _____ **Worksheet 127**
Teacher's Initials _____ (for use with Lesson 127)
Phonics 1

wä, quä

1. _____ 6. swallow

2. _____ 7. squashed

3. _____ 8. dishwater

4. _____ 9. passes

5. _____ 10. chain

11. squash  13. wallet

12. eight  14. vulture

wä, quä

1. walk
2. wall
3. squad
4. slushes
5. taxes
6. twirl
7. chirped
8. roommate
9. hilltop
10. trailed

11. school
12. sleigh

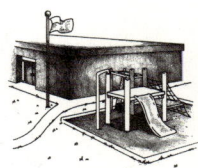

13. wasp
14. chef

Parents: Your child has been taught that when the letter **a** follows **w** or **qu**, its sound is altered (as in *wallet* and *quantity*); and that this sound is coded by placing two dots over the *a* (*ä*).

Name _____

Spelling Sound Sheet 89
(for use with Lesson 128)
Phonics 1

oh	where	was	are
what	said	to	of
one	do	some	floor
friend	does	sure	their

P1-SSS-089a

Name _____

Teacher's Initials _____

Worksheet 128
(for use with Lesson 128)
Phonics 1

1. _____
2. _____
3. _____
4. _____
5. _____

6. ballpark
7. chalkboard
8. stalled
9. teenage
10. pound

Pedro, a small boy, was getting ready to go play at the park. As he rushed down the hall, he heard his mother call, "Be home in time for supper!" Before he left, he went to the carport to get his football. When he got to his friend Carlton's house, he knocked on the door. A tall boy, Carlton's brother, opened it.

11. What was Pedro getting ready to do?

   _____

12. To whose house did Pedro go?

   _____

P1-WS-128a   Copyright by Saxon Publishers, Inc. and Lorna Simmons. Reproduction prohibited.

Parent's Initials _____

Homework 128
(for use with Lesson 128)
Phonics 1

äl

1. hall
2. salt
3. roasted
4. pitched
5. huge
6. age
7. treehouse
8. sleeve
9. keep
10. seek

Carlton came to the door with all of his gear. They talked until they reached the walk that led to the park. Carlton began to bounce his basketball with the palm of his hand. He was trying to learn to dribble the basketball better. Pedro had brought some chalk, so he started to draw football plays on the sidewalk. They played football and basketball and drew (dr<u>oo</u>) with chalk until supper, when it was time to go home.

11. What was Carlton trying to learn to do better?

_____

12. What did Carlton and Pedro do until supper?

_____

Parents: Your child has been taught that when the letter **a** precedes **l**, it takes the sound of *ä*.

Name _____   **Spelling Sound Sheet 90**
(for use with Lesson 129)
Phonics 1

1. _____   17. _____   33. _____
2. _____   18. _____   34. _____
3. _____   19. _____   35. _____
4. _____   20. _____   36. _____
5. _____   21. _____   37. _____
6. _____   22. _____   38. _____
7. _____   23. _____   39. _____
8. _____   24. _____   40. _____
9. _____   25. _____   41. _____
10. _____   26. _____   42. _____
11. _____   27. _____   43. _____
12. _____   28. _____   44. _____
13. _____   29. _____   45. _____
14. _____   30. _____   46. _____
15. _____   31. _____   47. _____
16. _____   32. _____   48. _____

Name _____

Teacher's Initials _____

Worksheet 129
(for use with Lesson 129)
Phonics 1

Prefix un-

1. _____
2. _____
3. _____
4. _____
5. _____

6. unbaked
7. unlock
8. unpaid
9. unwashed
10. unhatched

Parent's Initials _____

Homework 129
(for use with Lesson 129)
Phonics 1

Prefix un-

1. unplanted
2. unbox
3. unmade
4. unmixed
5. unlit

6. undated
7. unmarked
8. unframed
9. unwatched
10. unpainted

_____
_____
_____
_____
_____
_____
_____
_____

Parents: Your child has been taught that a **prefix** is something that is added to the beginning of a word that changes the word's meaning; and the prefix **un-** and its meaning.

Name _____

Assessment 25
(for use with Lesson 130)
Phonics 1

Section I

1. ___ ___ ___ ___ ___

2. ___ ___ ___ ___ ___ ___

3. ___ ___ ___ ___ ___ ___ ___

4. ___ ___ ___ ___

5. ___ ___ ___ ___ ___

Section II

Section III

6. <u>ch</u>

9. furniture

10. cornfield

11. school

12. knot

13. wreck

7. [ture

8. [sion

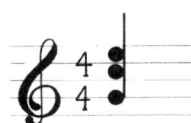

Section IV

Cory picked up the book about King Arthur he'd been reading. He loved books about the days of castles (kăsəlz), kings, and knights. He learned that knights fought for the kings and helped protect the peasants. Knights began training at age seven and were squires by age fifteen or sixteen. In five years, the squires could be knights. Cory wished he could travel back in time and see what it was like to be a seven-year-old boy in the days of knights.

14. What book had Cory been reading? _____

_____

15. What does Cory like to read about? _____

_____

16. What were the boys called at fifteen or sixteen? _____

17. What did Cory wish he could do? _____

Section V

18. heard _____

19. eye _____

20. brother _____

Section VI

21. ch _____

22. ture _____

23. sion _____

Name _____

Spelling Test 23
(for use on or after Lesson 130)
Phonics 1

Spelling Test

1. __ __ __ __ __ __

2. __ __ __ __ __ __ __

3. __ __ __ __ __ __

4. __ __ __ __ __ __

5. __ __ __ __ __

6. __ __ __ __ __ __ __ __

7. __ __ __ __ __

8. __ __ __ __ __ __

9. __ __ __ __ __ __

10. __ __ __ __

*11. __ __ __ __

*12. __ __ __ __

Name _____

Teacher's Initials _____

Worksheet 131
(for use with Lesson 131)
Phonics 1

1. _____
2. _____
3. _____
4. _____
5. _____

6. **wildest**
7. **thickest**
8. **stronger**
9. **preacher**
10. **catcher**

I rode my bike with my dog, Whiskers, down to the beach on the hottest day of the year. The wheels on my bike were faster than Whiskers, so I went slower until he could catch up. I got a whiff of salty sea air as we neared the water. Soon we were standing on the hot sand of the beach.

11. When did I go to the beach?

_____

12. Which is faster, the bike or Whiskers?

_____

Parent's Initials _____

Homework 131
(for use with Lesson 131)
Phonics 1

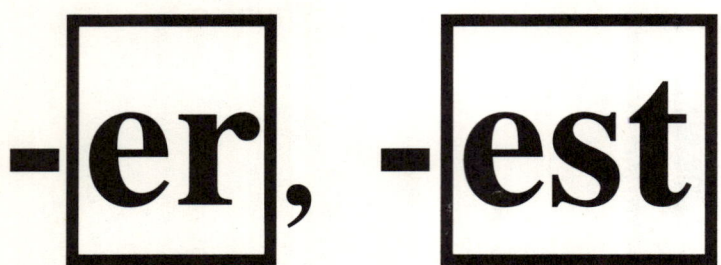

1. rancher
2. nearest
3. match
4. sketching
5. richer

6. kindest
7. kicker
8. longest
9. speaker
10. seller

The sand was so hot that it began to hurt our feet. We made a dash for the cooler, wet sand at the water's edge. This time Whiskers was faster, and he did not wait for me. But I was not angry at Whiskers. After all, he had four (fōr) feet to cool and I only (ōn´ lē) had two.

11. Where was the sand cooler?

_____

12. How many feet does Whiskers have?

_____

Parents: Your child has been taught **suffixes -er** and **-est** and their meanings.

Name _____

Spelling List 24
(for use on or after Lesson 131)
Phonics 1

Spelling Words

1. age
2. patch
3. bridge
4. stitch
5. fudge
6. protect
7. July
8. erase
9. injection
10. rescue
11. bush*
12. push*

1. _ _ _
2. _ _ _ _ _
3. _ _ _ _ _ _
4. _ _ _ _ _ _
5. _ _ _ _ _
6. _ _ _ _ _ _ _
7. _ _ _ _
8. _ _ _ _ _
9. _ _ _ _ _ _ _ _ _
10. _ _ _ _ _ _
11. _ _ _ _
12. _ _ _ _

Note: The words followed by an asterisk are sight words and need to be memorized.

Name _____

Spelling Sound Sheet 91
(for use with Lesson 132)
Phonics 1

1. _____
2. _____
3. _____
4. _____
5. _____
6. _____
7. _____
8. _____
9. _____
10. _____
11. _____
12. _____
13. _____
14. _____
15. _____
16. _____
17. _____
18. _____
19. _____
20. _____
21. _____
22. _____
23. _____
24. _____
25. _____
26. _____
27. _____
28. _____
29. _____
30. _____
31. _____
32. _____
33. _____
34. _____
35. _____
36. _____
37. _____
38. _____
39. _____
40. _____
41. _____
42. _____
43. _____
44. _____
45. _____
46. _____
47. _____
48. _____

Name _____
Teacher's Initials _____

Worksheet 132
(for use with Lesson 132)
Phonics 1

ar and or

1. _____
2. _____
3. _____
4. _____
5. _____

6. worthy
7. crossword
8. standard
9. briefcase
10. watches

11. doctor  13. pinwheel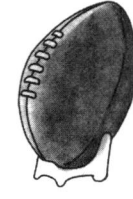

12. chalk  14. football

Parent's Initials _____

Homework 132
(for use with Lesson 132)
Phonics 1

ar and or

1. wormy
2. worth
3. dollar
4. infield
5. wand

6. stormy
7. sunny
8. windy
9. collar
10. pillar

11. tractor
12. runner

13. whale
14. bookworm

Parents: Your child has been taught the sounds of **unaccented ar** (as in *dollar*), and **unaccented or** (as in *doctor*).

P1-WS-132b   Copyright by Saxon Publishers, Inc. and Lorna Simmons. Reproduction prohibited.

Name _____

Spelling Sound Sheet 92
(for use with Lesson 133)
Phonics 1

ä	wh	qu	sion
dge	ture	ge	ī
tch	oi	ch	ow
es	tion	oy	ue

Name _____   **Worksheet 133**
Teacher's Initials _____   (for use with Lesson 133)
                                        Phonics 1

scribal o

1. _____   6. color

2. _____   7. seatcover

3. _____   8. marble

4. _____   9. picked

5. _____   10. cooking

The scouts are planning a camping trip in the month of November. The trees in the woods will be changing colors to red, yellow, and orange so they will be really pretty. The scouts plan to leave on Friday and return Monday morning. They need to be sure to pack shovels, flashlights, and some covers for bedtime comfort.

11. What will the scouts do in November?

_____

12. When will they return?

_____

P1-WS-133a   Copyright by Saxon Publishers, Inc. and Lorna Simmons. Reproduction prohibited.

Parent's Initials _____

Homework 133
(for use with Lesson 133)
Phonics 1

scribal o

1. wonder
2. comfort
3. compass
4. weak
5. streak
6. beast
7. carsick
8. bundle
9. looking
10. wood

The scout leader's older son is going to teach us how to use a compass. We hope to discover some neat things out in the woods. We will build a fire underground to make an oven for our hobo dinners. When dinner is done, we'll put out the campfire and bed down in our sleeping bags.

11. What will the scout leader's son teach us?

_____

12. Where will we bed down?

_____

Parents: Your child has been taught the sound of **scribal o** (as in *sponge*); and that it is coded with a schwa.

Name _____   **Spelling Sound Sheet 93**
(for use with Lesson 134)
Phonics 1

1. _____   17. _____   33. _____
2. _____   18. _____   34. _____
3. _____   19. _____   35. _____
4. _____   20. _____   36. _____
5. _____   21. _____   37. _____
6. _____   22. _____   38. _____
7. _____   23. _____   39. _____
8. _____   24. _____   40. _____
9. _____   25. _____   41. _____
10. _____   26. _____   42. _____
11. _____   27. _____   43. _____
12. _____   28. _____   44. _____
13. _____   29. _____   45. _____
14. _____   30. _____   46. _____
15. _____   31. _____   47. _____
16. _____   32. _____   48. _____

Name _____ **Worksheet 134**
Teacher's Initials _____ (for use with Lesson 134)
Phonics 1

1. _____
2. _____
3. _____
4. _____
5. _____

6. dilemma
7. hairline
8. crook
9. messiness
10. freeze

P1-WS-134a   Copyright by Saxon Publishers, Inc. and Lorna Simmons. Reproduction prohibited.

Parent's Initials _____

Homework 134
(for use with Lesson 134)
Phonics 1

ĭ|cv́

1. divide
2. grain
3. bait
4. nine
5. score

6. happiness
7. greediest
8. muddier
9. funniest
10. sloppier

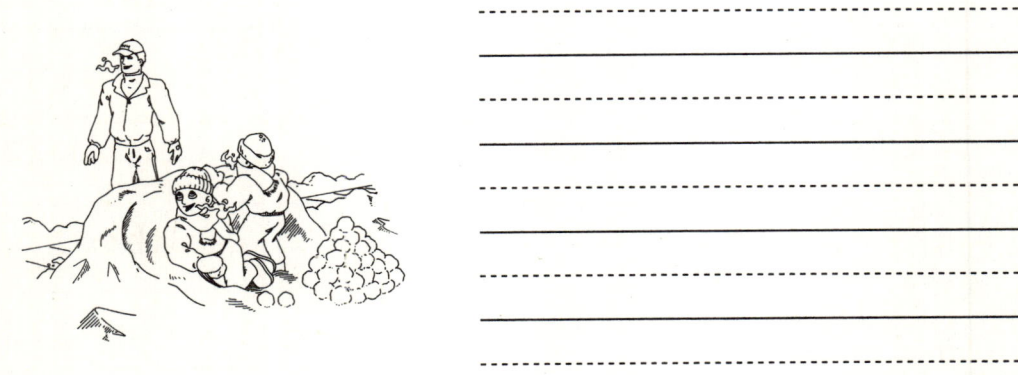

Parents: Your child has been taught the syllable division rule **v|cv́** with **i** (*i* is usually short, as in *divide*, but can say "*e*" as in *silliness*); and the **changing rule:** if a root word ends with vowel *y* (not *y* as part of a digraph or diphthong), change *y* to *i* before adding a suffix (except for suffixes beginning with *i*).

Name _____ **Assessment 26**
(for use with Lesson 135)
Phonics 1

Section I

1. __ __ __ __
2. __ __ __ __
3. __ __ __ __
4. __ __ __ __ __ __
5. __

Section II

6. <u>wh</u>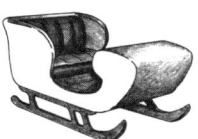

7. ä

8. <u>eigh</u>

Section III

9. whisper
10. chalk
11. baseball
12. squash

Section IV

Some day, when you plant trees in a yard, take my advice. Don't plant a black locust tree. These trees can be lovely, but the branches have long thorns from top to bottom. The thorns range from one inch long to as much as six inches long. They are hard and sharp. They could puncture a tire or even a person's foot. A puncture from one of them would hurt quite a bit.

13. What tree should you never plant?
    _____

14. What do black locust trees have that could cause harm?
    _____
    _____

15. How long can the thorns get?
    _____

16. What could they puncture?
    _____
    _____

Assessment 26
(for use with Lesson 135)
Phonics 1

Section V

17. chocolate _____

18. stomach _____

19. clothes _____

20. don't _____

21. bought _____

22. fought _____

Section VI

23. wh _____

24. a _____

25. eigh _____

Name _____

Spelling Test 24
(for use on or after Lesson 135)
Phonics 1

Spelling Test

1. ___ ___ ___

2. ___ ___ ___ ___ ___

3. ___ ___ ___ ___ ___

4. ___ ___ ___ ___ ___

5. ___ ___ ___ ___

6. ___ ___ ___ ___ ___ ___

7. ___ ___ ___ ___

8. ___ ___ ___ ___

9. ___ ___ ___ ___ ___ ___ ___

10. ___ ___ ___ ___ ___

*11. ___ ___ ___

*12. ___ ___ ___

Name _____

Teacher's Initials _____

Worksheet 136
(for use with Lesson 136)
Phonics 1

1. _____

2. _____

3. _____

4. _____

5. _____

6. richest

7. whirling

8. catcher

9. flavorful

10. wonderful

Sue was joyful about art class tonight. All of the skillful students were asked to finish the wonderful statues they'd been making from colorful paper and glue. The statues were due to be turned in tonight. Then the students will pursue another project. The class ended this evening with a barbecue. Sue arrived a bit early to see if the instructor would help her select a color. She didn't argue with him when he suggested painting her statue a deep blue.

11. What were Sue and the other students doing in art class?

_____

12. What happened at the end of class this evening?

_____

Parent's Initials _____

Homework 136
(for use with Lesson 136)
Phonics 1

1. glassful
2. comfort
3. swirling
4. opening
5. scratcher
6. ovenful
7. discoverer
8. whispering
9. scratching
10. whizzing

Sue had a clue that to get a high grade, she needed to be skillful. One student needed help to rescue her statue from the trash where she dropped it by mistake. By eight o'clock, all of the students were finished and had given their projects to the helpful teacher. They ended the evening with a barbecue meal and time to talk to each other about their next projects.

11. What happened to one student's statue?
    _____

12. When did the students finish giving their projects to the teacher?
    _____

Parents: Your child has been taught suffix **-ful** and its meaning.

Name _____

Spelling List 25
(for use on or after Lesson 136)
Phonics 1

Spelling Words

1. future
2. mixture
3. adventure
4. pasture
5. explosion
6. lotion
7. fiction
8. section
9. margin
10. large
11. once*
12. any*

1. _____
2. _____
3. _____
4. _____
5. _____
6. _____
7. _____
8. _____
9. _____
10. _____
11. _____
12. _____

Note: The words followed by an asterisk are sight words and need to be memorized.

Name _____

Spelling Sound Sheet 94
(for use with Lesson 137)
Phonics 1

1. _____
2. _____
3. _____
4. _____
5. _____
6. _____
7. _____
8. _____
9. _____
10. _____
11. _____
12. _____
13. _____
14. _____
15. _____
16. _____

17. _____
18. _____
19. _____
20. _____
21. _____
22. _____
23. _____
24. _____
25. _____
26. _____
27. _____
28. _____
29. _____
30. _____
31. _____
32. _____

33. _____
34. _____
35. _____
36. _____
37. _____
38. _____
39. _____
40. _____
41. _____
42. _____
43. _____
44. _____
45. _____
46. _____
47. _____
48. _____

Name _____   **Worksheet 137**
Teacher's Initials _____   (for use with Lesson 137)
                                         Phonics 1

ēi, ei

1. _____   6. conceited

2. _____   7. veil

3. _____   8. harmful

4. _____   9. wrote

5. _____   10. homework

11. worm    13. veil

12. oven 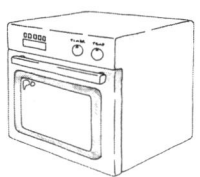   14. mustard

Parent's Initials _____

Homework 137
(for use with Lesson 137)
Phonics 1

ēi, ei

1. weird
2. skein
3. boxful
4. write
5. skillful

6. wrap
7. worm
8. worse
9. tapeplayer
10. gumdrop

11. reindeer
12. world

13. dollar
14. receipt

Parents: Your child has been taught the two sounds of **digraph ei** (as in *receipt* and *veil*).

Name _____

Teacher's Initials _____

Worksheet 138
(for use with Lesson 138)
Phonics 1

ew and ōu

1. _____ 6. curfew

2. _____ 7. cashew

3. _____ 8. youth

4. _____ 9. landowner

5. _____ 10. accent

When Sally was nine years old, she flew to Vermont to stay with her great-grandmother, Jewel Parker. Jewel lived in a house with a few friends. Jewel was a fine, elderly lady who knew a lot. Sometimes she would brew a pot of coffee and put on a pot of stew for supper. Then they would sit for a long time and Jewel would tell Sally tales of what life was like when she grew up.

11. Where did Sally's great-grandmother live?

_____

12. What did Jewel talk about?

_____

P1-WS-138a Copyright by Saxon Publishers, Inc. and Lorna Simmons. Reproduction prohibited.

Parent's Initials _____

Homework 138
(for use with Lesson 138)
Phonics 1

ew and ōū

1. blew
2. knew
3. stewing
4. grown
5. brace
6. sunburn
7. group
8. cancel
9. renter
10. clipper

Sally also liked to play in her great-grandmother's big barn. She could hear some tiny newborn kittens mew. Sally looked for them but never found them. When it was time to go, it was hard to leave. Great-Grandmother Jewel gave Sally a hug and threw kisses as she left. "See you next summer."

11. What did Sally like to do at her great-grandmother's house? _____

12. What did Sally look for in the barn?
_____

Parents: Your child has been taught the two sounds of **digraph ew** (as in *cashew* and *few*), and the sound of **ou** (as in *soup*).

Name _____

Spelling Sound Sheet 95
(for use with Lesson 139)
Phonics 1

1. _____
2. _____
3. _____
4. _____
5. _____
6. _____
7. _____
8. _____
9. _____
10. _____
11. _____
12. _____
13. _____
14. _____
15. _____
16. _____
17. _____
18. _____
19. _____
20. _____
21. _____
22. _____
23. _____
24. _____
25. _____
26. _____
27. _____
28. _____
29. _____
30. _____
31. _____
32. _____
33. _____
34. _____
35. _____
36. _____
37. _____
38. _____
39. _____
40. _____
41. _____
42. _____
43. _____
44. _____
45. _____
46. _____
47. _____
48. _____

Name _____

Teacher's Initials _____

Worksheet 139
(for use with Lesson 139)
Phonics 1

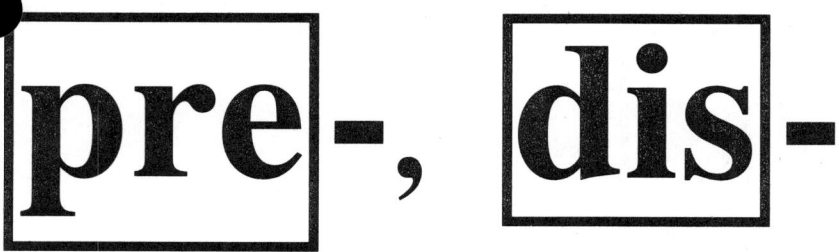

1. _____
2. _____
3. _____
4. _____
5. _____

6. pretreat
7. prejudge
8. discounted
9. dismiss
10. preconditioning

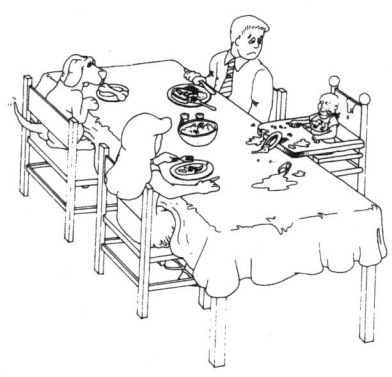

_____
_____
_____
_____
_____
_____
_____
_____
_____
_____

Parent's Initials _____

Homework 139
(for use with Lesson 139)
Phonics 1

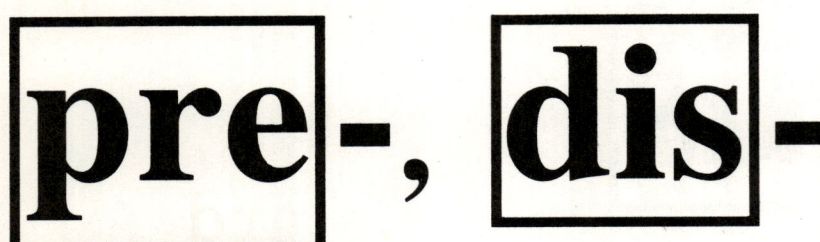

1. prepaid
2. predate
3. prefix
4. preheat
5. precalculations

6. disestablished
7. discredit
8. disorder
9. fudge
10. strain

Parents: Your child has been taught prefixes **pre-** and **dis-** and their meanings.

Name _____   **Assessment 27**
(for use with Lesson 140)
Phonics 1

Section I

1. _____
2. _____
3. _____
4. _____
5. _____

Section II

6. o̲r̲
7. a̲r̲
8. ŏ̄ (with ə above)

Section III

9. oven
10. mustard
11. crossword
12. tractor

Section IV

School will soon be out. Students will begin to make plans for the many things they hope to be involved in during these months off. Some older students will attend summer school. Most kids will be eager for more exciting things. Swimming tops the list for most. Others look forward to vacations with their moms and dads to places that are exciting to them. Some children are eager to go to summer camp. Others may get to spend a week or so with their grandparents. It will be great if everyone gets to do something fun during summer vacation.

Assessment 27
(for use with Lesson 140)
Phonics 1

13. What are your plans for summer?

_____
_____
_____
_____
_____
_____
_____
_____
_____

Section V

14. thought _____   19. only _____
15. whose _____   20. enough _____
16. buy _____   21. laugh _____
17. taste _____   22. country _____
18. busy _____

Section VI

23. or _____

24. ar _____

25. o _____

Name _____

Spelling Test 25
(for use on or after Lesson 140)
Phonics 1

Spelling Test

1. __ __ __ __

2. __ __ __ __ __

3. __ __ __ __ __ __ __

4. __ __ __ __ __

5. __ __ __ __ __ __ __

6. __ __ __ __

7. __ __ __ __ __

8. __ __ __ __ __

9. __ __ __ __

10. __ __ __ __

*11. __ __ __

*12. __ __ __

P1-ST-025 Copyright by Saxon Publishers, Inc. and Lorna Simmons. Reproduction prohibited.